ALTERNATIV HEILEN

Herausgegeben von Gerhard Riemann

William Spear ist international anerkannt als Autor und Dozent für Feng Shui, I-ching, Geomantie, orientalische Medizin und Makrobiotik. 1984 gründete er eine Organisation für die Erforschung und Behandlung umweltbedingter Erkrankungen, der er bis heute vorsteht. William Spear hat bereits vor den Vereinten Nationen über Umweltprobleme referiert und berät sowohl Kommunen wie Industrieunternehmen bei der Planung von Wohnsiedlungen und Landschaftsarchitektur. Der Autor leitet Trainingsprogramme für den professionellen Einsatz von Feng Shui durch Architekten und Designer.

Deutsche Erstausgabe November 1996
Copyright © 1996 für die deutschsprachige Ausgabe
Droemersche Verlagsanstalt Th. Knaur Nachf., München
Das Werk einschließlich aller seiner Teile ist urheberrechtlich
geschützt. Jede Verwertung außerhalb der engen Grenzen des
Urheberrechtsgesetzes ist ohne Zustimmung des Verlages
unzulässig und strafbar. Das gilt insbesondere für Vervielfältigungen,
Übersetzungen, Mikroverfilmungen und die Einspeicherung
und Verarbeitung in elektronischen Systemen.
Titel der Originalausgabe: »Feng Shui Made Easy«
Copyright © 1995 by William Spear
Illustrations © Sharon Rothman
Originalverlag: HarperCollins, London
Umschlagillustration: Susannah zu Knyphausen
Satz: Ventura Publisher im Verlag
Druck und Bindung: Ebner Ulm
Printed in Germany
ISBN 3-426-76136-X

5 4 3 2

William Spear

Die Kunst des Feng Shui

Optimale Energie
durch Gestaltung des Lebensraums

Aus dem Englischen von Clemens Wilhelm

In Liebe meinem Vater und in Dankbarkeit
den unzähligen Männern und Frauen gewidmet,
die sich die Pflege von Mutter Erde zur
Lebensaufgabe gemacht haben.

Inhalt

Einleitung 13

1 Eine neue Lebensweise 25
Hinweise zur Benutzung dieses Buchs 25
Die ersten Schritte 27
Transformation 28
Ziele setzen 29
Feng Shui in das eigene Leben integrieren 31
Aus seinen Prioritäten eine Perspektive formen 42

2 Eine Sprache für die unsichtbare Welt 43
Was ist Feng Shui? 43
Die Welt der Schwingungen 45
Divination 47
Intuitives Feng Shui 48

3 Kraftorte 50
Ein wenig Geschichte 50
Die Kräfte des Himmels und der Erde 51
Bewußte Entscheidungen treffen 53
Die Geschichte vom Brunnenfrosch 54
Feng Shui in der heutigen Welt 56

4 Gibt es einen Doktor im Hause? 58
Diagnose 58
Ihre Prioritätenliste 59

Wo sind Maßnahmen erforderlich?	61
Das Visualisierungsarbeitsblatt ausfüllen	62
5 Traditionelle Weisheit für moderne Zeiten	65
Das *I-ching*	65
Die acht Trigramme	66
Das Bagua	68
6 Eine neue Sichtweise	76
Erste Eindrücke	77
Ihre Nachbarschaft	79
Zu Hause ankommen	80
Tiere und andere Geschöpfe – wirkliche und eingebildete	83
Ihre innere Stimme	83
7 Der Blick von außen nach innen	84
Ausrichtung des Bagua	84
Gleichmäßige Grundrisse	86
Ungleichmäßige Grundrisse	87
Eine Fallgeschichte	90
8 Feng Shui im Haus	92
Das Bagua im Haus	92
Etwas zuwenig	95
Etwas zusätzlich	97
Eine Fallgeschichte	98
Feste Plazierungen	99
Bewegliche Plazierungen	100
Küchen und Herde	103
Schlafzimmer und Schlafbereiche	104
Wohnzimmer	106

9 Du bist, wie du wohnst. 107
Definition des Hauses mit den Symbolen
  des Bagua. 107
1. Wasser. 108
2. Erde 109
3. Donner 110
4. Wind. 111
5. Das T'ai-chi 113
6. Himmel. 114
7. See. 115
8. Berg. 116
9. Feuer. 118
Alles ist miteinander verbunden 119
Eine Fallgeschichte 121

10 Änderungen plazieren 123
Was ist ein »Heilmittel«?. 123
Woher kommen Heilmittel? 126
Das vereinheitlichende Prinzip 128
Die Rolle der Intuition. 129
Praktiziertes Feng Shui: Unordnung und
  Ordnung 130
Spiegel 133
Eine Fallgeschichte 144
Kristalle. 145
Lichtquellen 150
Helle Objekte. 152
Glockenspiele. 152
Weitere Geräusche, Lärm 155
Pflanzen 156
Eine Fallgeschichte 158
Wasser. 160
Tiere. 161

Kunst 162
Feste und schwere Objekte 164
Sinnesübung 165

11 Wie geht es mir? 167
Prüfen, was Sie bisher getan haben 169
Wirkt er? Wie man Veränderungen der Energie feststellt 169
Wenn es schlechter wird 170
Das Vorgängergesetz 171
Umgang mit dem Unsichtbaren 173
Eine Fallgeschichte 173
Räume reinigen 175

12 Orte verwandeln 180
Wahrnehmungen verändern 180
Was steuert das Ch'i? 181
Andere Menschen 183
Die Bedeutung von Symbolen 184
Eigene Heilmittel entwickeln 185
Farben 187
Ein »Farbtest« 195

13 Wenn die Magie wirkt 199
Überstürzen Sie nichts 199
Etwas Gutes verbessern 200
Eine neue Wirklichkeit 201
Heilmittel entfernen 204

14 Feng-Shui-Wirkungen am Arbeitsplatz 206
Veränderungen am Arbeitsplatz 206
Was man selbst tun kann 208
Ihr persönlicher Arbeitsplatz 209

Die Aufstellung des Schreibtischs 210
Tägliche Reinigung der Umgebung 213

15 Unendliche Verbindungen 214
Feng Shui am Körper 217
Unterschiede zwischen Mann und Frau 215
Makrobiotik 218

Anhang 226
Danksagungen 226
Visualisierungsarbeitsblatt zu Kapitel 4 229
Arbeitsblatt zu Kapitel 6: »Erste Eindrücke« 237
Literaturhinweise 239

Einleitung

Mein Vater war im Zweiten Weltkrieg Dechiffrierer, der Washington, D. C., niemals verließ, wo er mit seinen Kameraden an verschlüsselten Nachrichten des Feindes tüftelte, die abgehört worden waren. Univac-Computer, die so groß waren wie ein Haus, reichten damals noch längst nicht an die Fähigkeiten des menschlichen Gehirns heran. Er liebte Puzzles, Kreuzworträtsel, Ratespiele, Codes jeglicher Art und mathematische Knobeleien.

Ich konnte gerade bis zehn zählen, als mir mein Vater zeigte, wie sich Zahlen nach einem speziellen Verfahren umstellen ließen. Er setzte sich mit Bleistift und Papier zu mir und lehrte mich, ein magisches Viereck zu konstruieren. Das »Kreuzchen-und-Kringel-Spiel« war bald nicht mehr interessant; mit dem »geheimen Muster« aber konnte ich den ganzen Tag magische Vierecke herstellen.

Jede Zahl in jedem Viereck mußte nach dem Zugmuster angeordnet werden, das uns Vater gezeigt hatte. Er lehrte mich und meine Schwestern die räumliche Anordnung des Ganzen, wie jedes Teil mit allen anderen zusammenhing. Wenn wir dann das magische Viereck ausfüllten, zeigte sich plötzlich die Struktur: Reihen und Spalten standen in einer Beziehung zueinander, Anfang und Ende waren nicht zufällig. Alles paßte, weil es den »Regeln« gehorchte. Wir konnten auf einen Blick sehen, ob etwas nicht stimmte.

Als er mir verschlüsselte Nachrichten gab, mußte ich die Regeln der Wahrscheinlichkeit berücksichtigen. Ausgangspunkte waren häufige Wörter wie »ich« oder »und«; gute Kenntnisse der Satzlehre erleichterten die Entschlüsselung der Codes sehr. Wir begannen, verschlüsselte Mitteilungen auszutauschen. Ich sollte dann mit demselben Code antworten, der anfänglich nicht schwer zu »knacken« war.

Wahrscheinlichkeit, Integration und Visualisierung waren mir so schon bestens vertraut, bevor ich noch in den Kindergarten kam. Durch das Spiel mit Geheimcodes lernten wir die statistische Häufigkeit von Konsonanten und Vokalen in Sätzen kennen, die Möglichkeit von Doppelbuchstaben, Wortsequenzen und unzählige andere Tricks zum Entschlüsseln von Codes. Eine magische Welt tat sich mir auf, die nur demjenigen offenstand, der den Geheimcode kannte.

Meine Schwester und ich konnten stundenlang damit beschäftigt sein, am Kaffeetisch Puzzles zusammenzusetzen. Es begann mit den fünfzigteiligen Puzzles mit einem goldigen Hündchen auf einem hellgrünen Kissen; bald folgten die zweihundertfünfzig- und fünfhundertteiligen Spiele mit Blumenbuketts und Bonbongläsern, die schon wesentlich anspruchsvoller waren. Als wir diese beherrschten, drehten wir alle Stücke um und setzten nur anhand der Konturen die grüne oder graue Fläche zusammen. In unserer Freizeit lösten wir einfache Kreuzworträtsel; Kryptogramme und Labyrinthe aus Kinderzeitschriften waren für uns kein Problem. Bald wagten wir uns an die komplexeren Aufgaben in den Tageszeitungen oder auf der letzten Seite der Wochenendmagazine. Unsere magischen Quadrate wuchsen schnell und bestanden bald aus Hunderten von Zahlen. Wir kannten das Muster, das Geheimnis. Natürlich wußte mein Vater damals noch nicht, welchen Zusammenhang ich diesbezüglich Jahre später herstellen würde.

Als ich mit fünfzehn in einem Hüttenlager war, fiel mir eines der seltsamsten Bücher in die Hände, die ich je gesehen hatte.

Einer der Betreuer las ein chinesisches Wahrsagebuch mit dem Titel *I-ching (Das Buch der Wandlungen)* – oder, besser gesagt, er sprach mit ihm. Ein Teil eines jeden Kapitels ergab absolut keinen Sinn – da war die Rede von Bauern, die unterwegs zum Markt waren, einem brechenden Wagenrad, der Sonne, die das Obst zum Faulen brachte, und so weiter. Die Erklärungen, die diesen Abschnitten folgten, waren jedoch äußerst interessant.

»Wenn wir etwas in Angriff nehmen, was wir wirklich wollen, haben wir am Anfang mit Schwierigkeiten zu kämpfen ... unsere Entschlossenheit wird auf die Probe gestellt, und wir können einen Verlust erleiden ... Beharrlichkeit bringt voran ...« Sooft ich Gelegenheit hatte – insbesondere nachts –, las ich einige Zeilen aus irgendeinem Kapitel, während sich die anderen Kinder in meiner Hütte Comics ansahen oder Kissenschlachten veranstalteten. An manchen Tagen stahl ich mich sogar von einem Fußballspiel davon und ging in die Hütte zurück, wo ich das abgegriffene *I-ching* meines Betreuers herauszog und weiterlas.

Dann kam eines Tages die blitzartige Erkenntnis. Ich las in der Einleitung und sah es: das Diagramm der philosophischen Grundlage, auf der das Orakel beruhte. Dies, hieß es, war das Muster des Lebens selbst und der Ursprung des *Buchs der Wandlungen*. Es war das magische Quadrat!

4 9 2
3 5 7
8 1 6

Neun Zahlen, auf der Tafel des »Kreuzchen-und-Kringel-Spiels« angeordnet, mit dessen Erweiterung ich mich stundenlang beschäftigte, sollten die ganze Welt erklären können! Dies war eine so vollständige, so einfache und harmonische

Art, zu denken und zu sehen, daß ein Viertel der Weltbevölkerung hieraus eine ganze Kosmologie mit einer vereinheitlichten Theorie der Medizin, Religion, Wirtschaft, Naturwissenschaft und Kunst entwickelte, die Jahrtausende Bestand haben sollte. Dies war das endgültige Buch der Magie.
Wenig später beschaffte ich mir mein eigenes Exemplar des *I-ching* und lernte den Umgang mit ihm. »Wenn ein Bein kurz ist, ist das andere lang«, hieß es im Orakel, und so erkannte ich bald die beiden Welten des Geistes und der Materie. Ich begriff durch diese geheimnisvolle Textstelle, daß dem im Westen so hoch entwickelten Materialismus große Armut und wirtschaftliche Not im Osten gegenüberstand, daß im Vergleich mit dem Reichtum an religiösen Lehren und Systemen des Ostens hingegen in den westlichen Gesellschaften eine tiefere Wertschätzung der unsichtbaren Welt praktisch fehlte.

Nichts hat den chinesisch-amerikanischen Kulturaustausch so sehr beflügelt wie der Besuch von Präsident Richard Nixon in der Volksrepublik China im Jahre 1972. Das Interesse an asiatischer Kultur nahm im Westen sprunghaft zu. Der Journalist James Reston, Träger des Pulitzerpreises, erhielt Akupunktur gegen postoperative Schmerzen, nachdem ihm während seines Aufenthaltes in China der Blinddarm entfernt werden mußte. Er hielt sich damals zur Vorbereitung des Besuchs von Präsident Nixon und Henry Kissinger in China auf. Reston schrieb: »Das Krankenhaus ist eine außerordentlich menschliche und pulsierende Institution ... wie alles andere in China sind auch die Krankenhäuser heute auf dem Weg zu einer besonderen Verbindung des ganz Alten mit dem ganz Neuen.« Ich erinnere mich, daß ich damals die große Hoffnung auf einen wachsenden Austausch westlicher Naturwissenschaft und Philosophie mit einer alten Tradition hatte.
In der Tat wurden nach dem Besuch des Präsidenten den

Gelehrten aus Kunst und Wissenschaft bisher unbekannte Texte und spirituelle Klassiker zugänglich. Übersetzungen des *I-ching* und des *Tao-te king*, Lao-tzus Klassiker des Taoismus, wurden verfügbar. Joseph Needhams außergewöhnliche, 1956 veröffentlichte Studie *Science and Civilization in China*, die Zehntausende von Seiten in vielen Bänden umfaßt, wurde in meine örtliche Bibliothek aufgenommen.

Als ich eines Nachmittags in der Universität von Cincinnati über Needhams Werk saß, stieß ich in Band zwei auf einen Abschnitt, in dem dargestellt war, wie die alten Chinesen mit Hilfe bestimmter Angaben aus dem *I-ching* versuchten, den günstigsten Ort für die Erstellung eines Gebäudes zu ermitteln. Die Weisen glaubten, wie Needham schrieb, daß beim Bau eines Hauses viele Faktoren berücksichtigt werden mußten, wobei »die Gestalt der Hügel und die Richtung der Wasserläufe, das Ergebnis der Formkräfte von Wind und Wasser, am wichtigsten waren«. Diese Kunst der Geomantie* hieß Feng Shui (wörtlich »Wind und Wasser«) und wurde noch in vielen Teilen des Fernen Ostens praktiziert. Sie diente insbesondere dem Verständnis einer unsichtbaren, Chi genannten Energie, die alles Lebendige durchzieht. »Es mußten die Kraft und die Natur der unsichtbaren Strömungen ... berücksichtigt werden.« Eines der verwendeten Werkzeuge, ein »Luo pan« genannter Kompaß, enthielt Hinweise auf die Bausteine des *I-ching* und ihre Anordnung, eine »Bagua« genannte »Landkarte«. Und diese Landkarte besaß wiederum die Struktur eines magischen Quadrats!

---

* Geomantie bedeutet eigentlich Weissagen (Divination) durch Deutung auf den Boden geworfener Gegenstände oder gezeichneter Linien. Im Zusammenhang mit Feng Shui ist die Erdkraftlehre gemeint, die es erlauben soll, durch intuitiv-traditionelle Schulung die günstigen und ungünstigen Zonen des Bodens zu erkennen (vgl. Nevill Drury: *Lexikon des esoterischen Wissens*, Knaur-Tb. 4160).

Ich suchte nach weiteren Informationen hierzu und entdeckte schließlich eine Fülle von Werken über Geomantie und die chinesische Vorstellung unsichtbarer Energieströme. Ich fand Querverweise auf Bücher mit Titeln wie *Das Goldene Kästchen der Geomantie, Landschaftliche Einbettung von Palästen und Häusern, Kuans geomantischer Indikator, Des Gelben Kaisers Handbuch für die Plazierung von Häusern, Geheimnisvolle Prinzipien des Universums* und *Erfreuliche geomantische Aphorismen*. Die meisten dieser Werke gingen auf das dritte Jahrhundert vor Christus zurück.

Als ich 1971 das College verließ, ging ich nach Europa, wo ich bald zu einem eifrigen Schüler des vereinheitlichenden Prinzips, des *I-ching* und des Feng Shui wurde. Nach der Begegnung mit einer Gruppe asiatischer Lehrer, die in Tokio bei dem japanischen Philosophen George Ohsawa studierten, verlagerten sich meine Interessen auf Gesundheit und gesunde Ernährung, und ich wurde zu einem Anhänger der sogenannten Makrobiotik*.

Mitte der achtziger Jahre hielt ich bereits Vorträge über das Neun-Sterne-Ki, das bemerkenswerte Astrologiesystem, das aus dem *I-ching* entwickelt worden war und in das mich einige Jahre zuvor Michio Kushi eingeführt hatte. Ich entwarf die Büros und das Schulungszentrum, an dem ich meine Kurse abhielt, vollständig nach den Prinzipien des Feng Shui. Alle Besucher äußerten sich bei ihrer Ankunft anerkennend; es war in der Tat ein bemerkenswerter Ort mit achteckigem Grundriß, an dem Elemente der Magie und Harmonie ver-

---

* Von George Ohsawa und Michio Kushi bzw. Steven Acuff entwickelte Ernährungsform und Lebensweise auf der Grundlage des taoistischen Yin-Yang-Prinzips, die das individuelle Lebenspotential ausschöpfen und mit der Umwelt in energetischem Gleichgewicht stehen (vgl. auch Michio Kushi/Alex Jack: *Das große Buch der Makrobiotik*, Knaur-Tb. 76079). Mehr darüber lesen Sie auf den Seiten 218 ff.

wirklicht waren, die niemand richtig mit Worten beschreiben konnte.

Dann begann ich meine Gestaltungsideen anderen für den Bau von Einzelhandelsgeschäften, Büros, Wohnhäusern und Mietwohnungen zur Verfügung zu stellen. Bald gab es in einer Ecke meines Büros ein Zeichenbrett, und überall lag Millimeterpapier. Eine Reihe von Kursen, die ich zum *I-ching* und zum Neun-Sterne-Ki abhielt, fanden ein äußerst positives Echo; ich hielt Seminare in Großbritannien, Festlandeuropa und Kanada ab und baute meine Seminartätigkeit in den Vereinigten Staaten aus.

In einem ganzheitlich orientierten Zentrum, in dem ich ein Jahr zuvor Seminare abgehalten hatte, gab Professor Yun Lin, ein Feng-Shui-Vertreter der tantrischen Schwarzhutsekte des tibetischen Buddhismus, einen Kurs. Ich mußte mit Befremden feststellen, wie Feng-Shui-Schüler ihr eigenes Empfinden für Ästhetik und Gestaltung zugunsten der östlichen Motive, wie sie in Yun Lins Seminaren vorgestellt wurden, völlig aufgaben. Bei Konsultationen in New York und London erlebte ich mehrmals Fälle, in denen »Heilmittel«, die zum Ausgleich von Gestaltungsungleichgewichten eingesetzt wurden, im krassen Widerspruch zur Kultur und Umgebung der Bewohner standen. Kleine Glockenspiele wurden in Wohnungen aufgehängt, die mit modernem italienischem Mobiliar ausgestattet waren, Bambusflöten, die im Winkel von fünfundvierzig Grad unter schweren Tragbalken angeordnet wurden, kontrastierten mit Chippendaletischen. Artefakte aus dem Chinesenviertel, die keine zehn Dollar kosteten, wurden an Türen neben Wände gehängt, an denen holländische Meister prangten, die Millionen wert waren. Zauberspiegel, rote Tücher, Umschläge und Kästchen wurden liebevoll unter Betten gestellt, um Geld anzulocken und die Gesundheit zu verbessern. Kein Wunder, daß viele

Außenstehende verunsichert und abgestoßen davon waren, was über Feng Shui verbreitet wurde. Manches wurde wirklich sehr befremdlich interpretiert. Schüler von Michio Kushi warfen ihren gesunden Menschenverstand offensichtlich über Bord und gingen zu Praktiken über, die mit Kushis Lehren überhaupt nichts zu tun hatten. In ihrem eigenen Dogma festgefahren, schufen sich Makrobiotik- wie Feng-Shui-Anhänger in den Seminaren, die ich beobachtet hatte, sehr schnell Probleme.

Es war mir klar, daß die Grundsätze der Makrobiotik ebenso wie des Feng Shui keine kulturellen Besonderheiten des Fernen Ostens waren. Ich kannte viele andere Theorien über Geomantie, Architektur, Medizin und Gesundheit aus Asien, Afrika, Nordeuropa und Südamerika, die sich zwar nicht Feng Shui oder Makrobiotik nannten, aber dieselben Praktiken zum Inhalt hatten. Diese Lehren gingen von denselben Grundprinzipien auf der Basis einer holistischen Kosmologie, also eines ganzheitlichen Weltverständnisses, aus, wurden aber im Westen einfach nicht erkannt.

Ich hatte Klienten, die bekannte Persönlichkeiten in der Geschäftswelt, der Unterhaltungsindustrie und im Bereich der Kunst waren. Das Studium des tibetischen Buddhismus enthüllte mir mehr über den Ursprung des Feng Shui und seine Verwendung bei der Begleitung Sterbender. Nach einem Intensivkurs im Elisabeth-Kübler-Ross-Center in Virginia dehnte ich meine praktische Tätigkeit auf die spirituelle Arbeit mit Sterbenden aus. Durch die Begleitung vieler Menschen, die diese Welt verließen, wurde die Welt der Lebenskraft (Chi) für mich zu einer sehr konkreten Erfahrung. Ende der achtziger Jahre nahm ich in meine Seminare die »große Gesamtschau« des Lebens auf, wie die eigentliche Definition von Makrobiotik lautet, denn sie hat das Studium des Menschen und seiner Umgebung, seiner Häuser sowie seiner Arbeits- und Lebensräume zum Inhalt. Die meisten der Teilnehmer an meinen Seminaren hatten zwar etwas über Feng Shui gelesen, aber sie schienen nicht wirklich verstanden zu haben, wie sie hiermit ihre eigene Umgebung und ihr Leben ändern könnten.

Floristinnen, Bankiers, Ladenbesitzer, Anwälte, Psychologen, Immobilienmakler, Schauspieler, Bauern, Architekten und Innenarchitekten baten um meinen Rat. Großprojekte vom Neuentwurf des weltweiten Hauptsitzes einer internationalen Bank bis zum zentralen Platz einer europäischen Hauptstadt forderten mich heraus, über Glockenspiele und Bambusflöten hinauszugehen. Was ich anzubieten hatte, schien seinen Zweck zu erfüllen, denn es kamen immer neue Kunden.

Bei meinen weiteren Seminaren im Laufe der nächsten Jahre wurde mir eines sehr deutlich: Diese Prinzipien funktionieren. Hunderte Briefe von Teilnehmern bestätigten den Erfolg der Veränderungen, von denen sie bei den Wochenendseminaren erfahren hatten. Immer wieder hörte ich, daß sich Beziehungen besserten, Kinder gesünder wurden und ein beruflicher Aufstieg Wirklichkeit wurde. Von nicht wenigen »Wundern« wurde mir berichtet, und Teilnehmer an den Fortgeschrittenenkursen traten vor das ihnen fremde Publikum, um die Geschichte ihrer eigenen Transformation zu erzählen. Die Menschen kamen in den Pausen und nach Vorträgen zu mir und erzählten mit leiser Stimme von den außergewöhnlichen Wandlungen in ihrem Leben nach dem Kurs. Die meisten fragten mich, wann ich denn ein Buch schreiben würde.

Die Kunst des Feng Shui ist die Frucht einer lebenslangen Beschäftigung mit Puzzles und Rätseln. Es war mir immer ein unabweisbares Bedürfnis, komplizierte Dinge einfacher und zugänglicher zu machen, und es faszinierte mich seit meiner

Kindheit, Philosophien und Konzepte in praktische Methoden umzusetzen. Mit diesem Buch holen Sie sich Ihren Feng-Shui-Berater ins Haus. Es lehrt Sie aber mehr, als nur Ihre Möbel umzustellen: Es lehrt Sie, Ihr ganzes Leben zu verändern, und genau hierum geht es letztlich im Feng Shui. Es ist ein bemerkenswertes System zur Selbstentwicklung und ein praktisches Werkzeug zur Verbesserung der geschäftlichen und privaten Beziehungen. Sie brauchen nichts weiter zu tun, als zu üben – die Energie fließt von selbst.

Es gibt nichts Neues unter der Sonne, und das oben Gesagte macht da keine Ausnahme. Ich versuche nur, es klar und um einige persönliche Erkenntnisse ergänzt darzubieten. Ich habe diese zeitlose Botschaft »umorganisiert«, wie man Möbel in einem Zimmer oder Gegenstände auf einem Schreibtisch umstellt, damit der Leser das Ganze statt nur viele Teile begreifen kann. Feng Shui zu praktizieren kann bedeuten, zu harmonisieren, ins Gleichgewicht zu bringen, in einer natürlichen Weise zu organisieren. Feng Shui hat nichts mit dem mystifizierenden Aberglauben zu tun, als den es diejenigen sehen wollen, die nicht verstehen können, was sie nicht messen und anfassen können. Dieses Wissen ist kein mystischer Extrakt aus der Weisheit einer alten Kultur – es ist vielmehr der Kern eines bestimmten Lebensverständnisses und integriert das lebenswichtige System, von dem wir alle abhängig sind: unsere Umwelt.

Dieses Buch will Sie in ein *intuitives* Feng Shui einführen, eine Vorgehensweise, die man treffend auch als »lebensgerechte Gestaltung« bezeichnen könnte. Es wirft einen allgemeinen Blick auf Strukturen, über die wir keinerlei Kontrolle haben, zum Beispiel die Struktur unseres Sonnensystems, und auf unseren eigenen Mikrokosmos bis zur Ebene der DNS-Moleküle, also den Trägern unseres Erbguts. Dieses Verfahren hängt mit dem vereinheitlichenden Prinzip zusammen, das eine unausgesprochene zentrale Idee alter Kultur und Religion ist. Die meisten Publikationen über Gestaltung und Plazierung lehren den Leser etwas über Sachverhalte. Dieses Buch möchte das »Wie« und »Warum« hinzufügen und Ihrem Leben damit einen Schuß Magie verleihen. Dabei wünsche ich Ihnen viel Vergnügen.

I   Eine neue Lebensweise

> Leere Gefäße machen den größten Lärm.
> SPRICHWORT

Hinweise zur Benutzung dieses Buchs

Sie halten mit diesem Buch eine Anleitung für die Schaffung und Gestaltung von *Lebensräumen* in Händen. Um nun eine der wichtigsten Konzeptionen des Feng Shui verstehen zu können, müssen Sie vor allen Dingen in der Lage sein, so zu tun, als ob Sie nichts wüßten, und Ihr Zimmer und Ihren Arbeitsplatz aus einem Zustand der Leere betrachten. Es ist vielleicht weniger schwierig, als Sie glauben, einen solchen Zustand der Objektivität zu erreichen – wir alle hatten schon Augenblicke, in denen wir absichtslos und für jede Möglichkeit offen waren. Um eine solche Perspektive einnehmen und einen neutralen Blick auf die eigene Wohnung oder das eigene Büro werfen zu können, braucht man nur ein wenig Übung; manchen fällt dies leicht, während es für andere eine echte Herausforderung sein kann. Wenn Sie auch zukünftig tun wollen, was Sie schon immer getan haben, dann werden Sie auch zukünftig bekommen, was Sie schon immer hatten. Irgend etwas muß sich ändern, und hier zeigt Ihnen Feng Shui einen Weg auf, wie Sie sich der äußeren Welt gegenüber so verhalten können, als ob Sie »nur« eine Widerspiegelung der inneren Psyche wäre. Überall in unserer Umgebung zeigen sich Symbole; dem geschulten Auge verrät die persönliche Umgebung viel mehr über uns selbst, als es uns manchmal lieb ist. Die Physiognomie oder Gesichtsdeutung und die Analyse der Handschrift sind ähnliche Werkzeuge für die Einschätzung der Persönlichkeit. Während es aber außerordentlich schwierig ist, sein Gesicht oder seine Handschrift zu ändern, kann man ganz leicht die Position eines Schreibtisches oder die Farbe einer Wand ändern – und dies hat weitreichende Konsequenzen, auch wenn wir uns dessen nicht unbedingt bewußt sind.

Feng Shui ist zu wirkungsvoll, um es ignorieren, und zu bedeutungsvoll, um es trivialisieren zu können. Den größten Nutzen ziehen Sie aus diesem Buch, wenn Sie möglichst viele der einleitenden Kapitel und Übungen lesen und durcharbeiten, bevor Sie irgendwelche Veränderungen vornehmen. Erkunden Sie die unsichtbare Welt im zweiten Kapitel. Sinnen Sie im dritten über die Macht des Feng Shui und seine potentielle Bedeutung für Ihr Leben nach. Setzen Sie anhand der Anleitungen im vierten Kapitel Prioritäten. Machen Sie sich im fünften Kapitel mit einigen Grundlagen des *I-ching* vertraut – es ist einfacher, als Sie glauben! Laden Sie Freunde zu sich ein, und füllen Sie das »Arbeitsblatt zu Kapitel 6« im Anhang mit Ihren ersten Eindrücken aus. Plazieren Sie den Schlüssel zum Feng Shui, das Bagua, genau so, wie im siebten Kapitel beschrieben. Schauen Sie sich dann wiederum anhand der Anleitungen im achten Kapitel Ihr eigenes Haus an. Betrachten Sie im neunten Kapitel erneut Ihr Leben mit den Augen des Feng Shui. Dann wird Ihr Tun auf der Grundlage von Einsichten ruhen. Was geschieht, wenn Sie eine Maßnahme treffen, wird dann davon abhängen, was *Sie selbst* erzeugen.

Die ersten Schritte

Wenn Sie Ihre Wohnung neu gestalten wollen, kaufen Sie normalerweise am besten in einem Geschäft mit geschulten Innenausstattern ein. Sie lassen sich von den Fachleuten einen bestimmten, zu Ihnen passenden Stil vorschlagen oder die Stoffe auswählen, die aus ihrer Sicht in Ihr Zuhause passen. Möglicherweise ist es Ihnen auch wichtig, »im Trend« zu sein – wie dem Paar, das befürchtete, daß der altweiße Teppichboden, für den es sich entschieden hatte, schon wieder aus der Mode sein könnte, bevor die Renovierung der Wohnung abgeschlossen wäre ... Vielleicht fühlen Sie sich ohne die Anleitung eines Profis oder eines erfahrenen Freundes völlig hilflos und haben kein Vertrauen in Ihr eigenes ästhetisches Empfinden, oder es überwältigt Sie die Fülle von Möglichkeiten in der Gestaltung und Abstimmung, und Sie glauben, nicht genügend zu wissen, um Feng Shui praktizieren zu können, ohne dabei einen »Fehler« zu machen.
Möglicherweise müssen Sie erst einen Schritt zurück gehen, um den ersten Schritt vorwärts tun zu können. Wenn man sich nur einmal von allem Trödel befreit und sein Leben einfacher gestaltet, sieht alles schon ganz anders aus. Bevor die Magie wirksam werden kann, muß man erst mal die verstaubten Schonbezüge waschen und den Karton mit alten Gürteln und Schuhen im Garderobenschrank entsorgen. Seien Sie bereit, sich zunächst einmal ein wenig schmutzig zu machen und in Schweiß zu geraten. Jetzt ist es Zeit für den Frühjahrsputz – gleichgültig, welche Jahreszeit im Kalender steht.
Suchen Sie sich eine behagliche, aufgeräumte Ecke, in der Sie es sich bequem machen können, und lesen Sie erst mal weiter. Denn auch »eine tausend Meilen weite Reise beginnt vor deinen Füßen« (Lao-tzu: *Tao-te king*).

Transformation

> Der Berufene ... fördert den natürlichen Lauf
> der Dinge und wagt es nicht zu handeln.
>
> Lao-tzu: Tao-te king.

Wenn Sie die bemerkenswerte Philosophie dieses Zitats praktizieren wollen, brauchen Sie nichts weiter zu tun, als Möglichkeiten zu erkennen. Alles kann geschehen, und Sie sind nicht durch Ihre Gestaltungserfahrung, Ihren Geschmack, Ihr Glaubenssystem, Ihr Bankkonto oder Ihre Erwartungen beschränkt. Energie fließt von allein, Änderungen treten von selbst ein. »Wunder« sind möglich. Sie brauchen letztlich nur zu lernen, sich selbst nicht mehr im Wege zu sein. Man ist immer erst dabei, sein künftiges Leben und Schicksal zu erzeugen – nichts ist schon entschieden. Feng Shui ist eine Sache des freien Willens und erlaubt es Ihnen, das nächste Kapitel Ihres Lebens zu schreiben. Manche Menschen, die vielleicht nicht so pragmatisch sind, mögen die sich darbietenden neuen Möglichkeiten als »Traum« bezeichnen. In diesem Sinne überflügelt die Intuition die Logik, und das, was Sie erreichen können, wird alles andere als wenig sein!

Wichtig ist eine Haltung der Offenheit. Chancen existieren nicht für den, der sie nicht erkennen will. Wenn jemand zu Ihnen sagt: »Ich liebe dich«, dann darf Ihre Antwort nicht nur ein »Das ist unmöglich!« sein. Um in der hier vorgestellten Weise zu leben, braucht man keinem Glaubenssystem anzuhängen – Sie benötigen nur ein klein wenig Raum, in dem sich die Möglichkeiten entwickeln können. Oft wollen Feng-Shui-Neulinge zunächst nicht glauben, was geschieht, und das ist ja auch verständlich. Es entsteht eine neue glückliche Beziehung, oder sie bekommen eine seit langem angestrebte Stelle, kurz nachdem sie etwas verändert haben, und sie sagen

vielleicht zu ihren Freunden: »Ich kann nicht glauben, daß es hier einen Zusammenhang gibt! Dies wäre sicher auch geschehen, wenn ich diese Veränderungen nicht vorgenommen hätte!« Aber es kommt nicht darauf an, hier irgend etwas zu glauben.
George Ohsawa, von dem schon in der Einleitung die Rede war, lehrte einen Geist des »Nichtglaubens«, den man kultivieren sollte. Er war überzeugt davon, daß alles nach einfachen Gesetzen geschehen kann und geschieht, die mehr mit der Welt des unsichtbaren Geistes als mit der materiellen Welt zu tun haben. Wenn etwas geschieht, dann nehmen Sie es wahr, auch wenn Sie es noch nicht glauben, und allmählich beginnen Sie den Unterschied zu bemerken.

Ziele setzen

> Selbsterkenntnis ist einer der Hauptzwecke der Philosophie – die Einsicht in die Beziehungen zwischen Menschen, Dingen und Worten.
>
> ISAIAH BERLIN: GESPRÄCHE MIT ISAIAH BERLIN

Was möchten Sie verändern? Einige wünschen sich Verbesserungen in ihrem Leben, was ihr Einkommen oder ihre Beziehungen betrifft, andere einen völligen Neuanfang nach einer Trennung oder dem Verlust eines Angehörigen, nach schwierigen Jahren oder einer Pechsträhne. Indem Sie sich zu Beginn mit Hilfe der folgenden Übung bestimmte Ziele setzen, gewinnen Sie eine Perspektive auf Ihr jetziges Leben, und Sie werden die Änderungen, die später unvermeidlich eintreten, besser einordnen können.

Übung

Nehmen Sie ein leeres Blatt Papier im Querformat, so daß es wie eine Landschaft vor Ihnen liegt. Stellen Sie es sich in vier gleiche Rechtecke unterteilt vor.

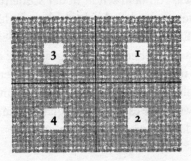

Schreiben Sie in das rechte obere Viereck (1) vier Worte oder Sätze, die Ihre derzeitige Situation am besten wiedergeben. Dies kann etwas Positives oder etwas Negatives sein: arbeitslos, wütend auf Mama, abgebrannt, festgefahren – oder auch: nachdenklich, vielbeschäftigt, zufrieden, glücklich verheiratet. Es darf jede Kombination positiver, negativer oder neutraler Worte oder Sätze sein. Fassen Sie sich aber kurz, und formulieren Sie klar; füllen Sie nicht den ganzen Raum aus.

Schreiben Sie als nächstes in das Viereck rechts unten (2) drei oder vier positive Wörter oder Sätze, die Ihr Ziel innerhalb der nächsten drei Monate sein könnten. Formulieren Sie dies als Feststellung, zum Beispiel: »Ich möchte eine neue Stelle«, »Meine Mutter und ich werden unsere Differenzen ausräumen und einander helfen«, »Mein Einkommen soll durch neue geschäftliche Kontakte wachsen.« Setzen Sie sich selbst Ziele. Aber vermeiden Sie Wünsche wie »Ich will im Lotto gewinnen« oder »Ich will eine Millionenerbin heiraten«.

(Denken Sie lieber darüber nach, ob Sie es wirklich wollen.) Seien Sie vernünftig. Schreiben Sie dann drei langfristige Ziele (ein Jahr) in das Viereck links oben (3). Diese dürfen etwas höher gesteckt sein, zum Beispiel: »Ich will eine ganz neue berufliche Laufbahn einschlagen« oder »Ich will den Mann meiner Träume heiraten«. Haben Sie Mut, und seien Sie ein wenig *un*vernünftig. Schreiben Sie in das letzte Viereck die Worte: »Die Vergangenheit ist vorbei.«

Feng Shui in das eigene Leben integrieren

Feng Shui ist nicht nur die Kunst der Geomantie, der Plazierung und räumlichen Anordnung, sondern auch eine Philosophie und eine bestimmte Haltung gegenüber der Welt. Zu Beginn ist es wichtig, neugierig und flexibel zu sein, zu fragen, wie die Dinge zueinander passen. So entwickeln Sie eine Fähigkeit, das Ganze zu erkennen. Wenn diese Erkenntnis wächst, sollte man allerdings den Fehler vermeiden, seinem ganzen Leben Feng Shui überzustülpen. Dies führt fast immer zu einem starren Schematismus, durch den man das Leben als eine Aufeinanderfolge festgelegter Bilder und unverrückbarer Strukturen mißversteht, und dies ist der schnellste und sicherste Weg zu Arroganz. Wie außergewöhnlich Ihnen diese Philosophie auch erscheinen mag – betrachten Sie vielmehr Feng Shui zunächst nur als Bezugspunkt in Ihrem Leben, ohne es zur alleinigen Richtschnur werden zu lassen. So könnte zum Beispiel ein Architekt oder Innenarchitekt Feng Shui heranziehen, *nachdem* er eine Arbeit mit der nötigen Kreativität und Kunstfertigkeit fertiggestellt hat. Dann könnte er die Zeichnungen gewissermaßen mit der »3-D-

Brille« des Feng Shui erneut betrachten und prüfen, welche Veränderungen eventuell notwendig sind. Versuchen Sie nicht, mit Feng Shui als Schablone ein Ideal zu schaffen, da dies zweifellos die Kreativität einschränken würde, die Sie für einen gelungenen Entwurf brauchen.

Ein großer Teil desjenigen, was uns von alten Kulturen überliefert wurde, ist dogmatisch und dadurch einengend geworden. Richtig angewandt, gibt uns Feng Shui grenzenlose Möglichkeiten im Leben; es bleibt ständig im Fluß, schränkt nie ein, gibt aber immer eine Anleitung. Hüten Sie sich am Anfang davor, mehr »wissen« zu wollen, als Sie *erfahren* haben. Beobachten Sie, prüfen Sie, und bauen Sie an Ihrer persönlichen Beziehung mit Ihrer Umgebung und deren Zusammenhang mit Ihrem Leben. Dann werden Sie bald erkennen, daß niemand Ihre eigene Wahrheit besser kennen kann als Sie selbst. Feng Shui wird wie ein vertrauter alter Freund zu einer unschätzbaren Quelle der Weisheit und Inspiration werden, die Ihnen einen neuen Blick für Ihr Leben schenkt.

Das nachstehende »Arbeitsblatt« kann Ihnen als Vorübung für Veränderungen an der Ausstattung Ihrer Wohnung oder Ihres Büros dienen. Wenn Sie den »Test« durchgearbeitet haben, werden Sie eine klarere Vorstellung davon haben, welche Bereiche in Ihrem Leben Sie mit Hilfe von Feng Shui ändern könnten.

Arbeitsblatt für die Selbstbewertung

Lesen Sie in jedem der folgenden neun Abschnitte die Beschreibung, und wählen Sie anschließend, welche der vier darunterstehenden Antworten am besten zu Ihnen paßt. Diese Antworten müssen nicht genau den Wortlaut wiedergeben, den Sie formulieren würden. Kreisen Sie in der Antwortenübersicht am Ende des Arbeitsblatts den entsprechenden Buchstaben für die jeweiligen Bereiche ein.

1. Wie sind Sie mit dem Beruf zufrieden, den Sie derzeit ausüben? Arbeiten Sie auf einem Gebiet, das Sie interessiert? Erfüllt Sie Ihre Tätigkeit, und sind Sie in Ihrer beruflichen Umgebung anerkannt? Haben Sie vor, die Stelle zu wechseln? Alle diese und ähnliche Fragen haben mit demjenigen Bereich in Ihrem Leben zu tun, die das Feng Shui als »Wasser« bezeichnet.

Die Reise (Wasser)

Wasser symbolisiert Ihren Weg, Ihre Reise, den Fluß oder das Tao* Ihres Lebens – wie wenn Sie in einem Boot durch die Jahre gleiten könnten. Dabei geht es nicht nur um Ihre gegenwärtige Tätigkeit: Sie könnten ein aufstrebender Künstler sein, der zur Zeit einen Bürojob verrichtet, während Sie auf den ersten Durchbruch warten. Dies hängt auch nicht mit Ihrem Einkommen als Erfolgsmaßstab zusammen. Diese Frage betrifft vielmehr Ihren Platz auf dem »Fluß des Lebens«: ob Sie sich im Boot sicher fühlen, ob Sie sich mit dem oder gegen den Strom bewegen, ob Sie auf Felsen prallen oder ihnen geschmeidig ausweichen.

A. Ich bin mit dem Gang des Lebens ganz zufrieden. Ich bin auf dem richtigen Weg. Ich habe die Arbeit, die ich tun möchte. Ich fühle mich von meinen Kollegen anerkannt. Meine Arbeit befriedigt mich. Ich fühle mich produktiv. Ich habe eine gute Stelle. Ich bin glücklich, daß ich tun kann, was ich wirklich tun will, und ich genieße es. Ich habe das Gefühl, auf einem eleganten Passagierschiff zu sein.

* Tao heißt im Chinesischen wörtlich »der Weg«, es wird auch übersetzt mit »Gott, Vernunft, Wort, Logos oder Sinn«; das All-Eine in der chinesischen Philosophie des Lao-tzu (Taoismus).

B. Wie oben, nur weniger stark.
C. Wie unten, nur weniger stark.
D. Ich komme mir vor wie ein Lachs in einem Fluß: immer gegen den Strom. Ich finde keine Stelle. Ich arbeite, aber ich tue nicht das, was ich gerne tun würde. Ich möchte auf einem ganz anderen Gebiet tätig sein. Ich habe überallhin Bewerbungen verschickt, aber niemand ruft an. Ich mag meine Arbeit nicht und sehe mich nach etwas anderem um. Am Arbeitsplatz gelingt mir zur Zeit nicht viel. Hilfe! Ich ertrinke!

Beziehungen (Erde)

2. Wie sind Ihre Beziehungen zu Ihren Freunden, Ihrem Ehepartner sowie Ihren Kolleginnen und Kollegen? Sind Sie alleinstehend und führen ein aktives gesellschaftliches Leben, oder sind Sie isoliert und haben Schwierigkeiten, Menschen kennenzulernen? Wie gut ist Ihre Ehe? Ist sie eine erfüllende Partnerschaft? Erwägen Sie eine Trennung? Sind Sie frisch geschieden? Glücklich verliebt? Verzweifelt auf der Suche nach einem Partner? Diese Fragen haben mit dem als »Erde« bezeichneten Bereich Ihres Lebens zu tun.
Der Grundgedanke dieses Bereichs ist Empfänglichkeit, der Zustand, in dem Beziehungen am besten gedeihen. Der Bereich hängt mit allen Partnerschaften, engen beruflichen und platonischen Beziehungen und der Ehe, wenn auch nicht nur dem Zustand des Verheiratetseins als solchem, zusammen. Diese Frage betrachtet Beziehungen im allgemeinen, ob sie gedeihen oder schwierig sind, ob es verschiedene Wahlmöglichkeiten oder keine Alternativen gibt.
A. Meine Beziehungen sind phantastisch. Mein Partner schenkt mir sehr viel Aufmerksamkeit. Mein gesellschaftliches Leben ist sehr aktiv. Mein Ehepartner ist großartig. Ich begegne jede Woche neuen Menschen, die mit mir ausgehen wollen. Ich habe ein Gefühl, als wären wir noch immer in den

Flitterwochen. Das Telefon steht fast nie still. Ich bin seit kurzem verlobt.
B. Wie oben, nur weniger stark.
C. Wie unten, nur weniger stark.
D. Mein gesellschaftliches Leben ist eine Katastrophe. Ich habe alles Erdenkliche versucht, um jemand Passenden zu finden, aber es scheint niemand interessiert zu sein. Es ist wie verhext. Ich stehe vor der Trennung. Ich bin gerade in die Stadt gezogen und habe große Schwierigkeiten, neue Menschen zu treffen: Eine erste Verabredung klappt immer, aber dann rufen sie nie wieder an. Ich habe mir Enthaltsamkeit lustiger vorgestellt. Vielleicht sollte ich ins Kloster gehen!

3. Wie würden Sie Ihre Beziehung zu Ihren Eltern charakterisieren? Haben Sie eine bedeutsame Beziehung zu einem Lehrer, Mentor oder älteren Menschen, der in Ihrem Leben eine wichtige Rolle spielt? Wenn einer oder beide Elternteile verstorben sind, wie tragen Sie die Erinnerung an Ihr Leben mit ihnen heute in sich? Für diesen Lebensbereich steht das Symbol des »Donners«. Wie das widerhallende

Donner (Ältere)

Dröhnen des Donners vor einem Gewitter hängt auch diese Frage mit Ihren Grundlagen oder Wurzeln zusammen, den Vorfahren, die vor Ihnen waren, insbesondere Ihren Eltern. Sie entspricht der Haltung gegenüber Familie, Eltern, Älteren, Lehrern und Menschen in einer höheren Position wie zum Beispiel dem beruflichen Vorgesetzten.
A. Ich komme mit beiden Eltern gut aus. Ich hatte eine besonders gute Beziehung zu einem meiner Großeltern. Mein Chef ist ein sehr guter Vorgesetzter. Ich hatte einen Mentor in der Studienzeit, mit dem ich immer noch Kontakt pflege. Ich habe viele Lehrer, die ich sehr achte. Mein Vater starb vor einiger Zeit; wir hatten am Ende noch viele Dinge bereinigen

können, die zwischen uns standen. Ich bin meinen Eltern sehr dankbar für alles, was sie mir gegeben haben. Ich habe große Achtung vor meinen Vorfahren.
B. Wie oben, nur weniger stark.
C. Wie unten, nur weniger stark.
D. Ich habe seit Jahren mit meinen Eltern nicht mehr gesprochen. Mein Großvater war ein schrecklicher Mensch, und ich konnte ihn nie leiden. Mein Chef ist ein gefühlloses Ekel. Mit meiner Mutter habe ich ständig Streit. Meine Lehrer hatten immer etwas gegen mich. Mit alten Menschen komme ich meist nicht sehr gut aus. Meine Eltern oder ein Elternteil liebt mich nicht wirklich.

Glückhafte Segnungen
(Wind)

4. Wie oft in Ihrem Leben fühlen Sie sich wirklich glücklich? Ist Geld für Sie ein Problem, oder bereitet Ihnen Ihr Bankkonto kein Kopfzerbrechen? Sind Sie immer flüssig, oder haben Sie stets Schulden? Fühlen Sie sich vom Glück begünstigt, oder haben Sie das Gefühl, ein ewiger Pechvogel zu sein? Diesen Bereich des Lebens nennt das Feng Shui »Wind«. Er erzeugt die Energie von Segnungen der materiellen Welt, nicht nur in barer Münze, sondern auch im allgemeinen Sinne des Glücks und vorteilhafter Umstände. Der »Wind« bringt Glück durch Wohltaten in der materiellen Welt.
A. Ich habe fast tagtäglich das Gefühl, vom Glück begünstigt zu sein. Ich verdiene gut und habe ein gutes Auskommen. Man hält mich für einen glücklichen Menschen. Ich habe keine finanziellen Sorgen. Das Richtige tritt immer genau zur rechten Zeit ein.
B. Wie oben, nur weniger stark.
C. Wie unten, nur weniger stark.
D. Ich bin finanziell am Ende. Ich konnte letzten Monat ge-

rade noch meine Miete bezahlen. Ich habe keine Arbeit. Mich drücken im Augenblick ziemlich viele Schulden. Momentan habe ich eine richtige Pechsträhne. In letzter Zeit kamen viele Rechnungen, die ich nicht bezahlen konnte.

5. Die zentrale Zahl Fünf, welche die Mitte der Kardinalzahlen Eins bis Neun bildet, hängt mit dem »T'ai-chi« genannten Lebensbereich zusammen. T'ai-chi gilt als das Zentrum des Universums und ist der Ort, an dem Himmel und Erde einander begegnen, wobei der Atem der Lebenskraft und alle anderen Elemente entstehen. Man kann diesen Bereich als Summe seiner Teile begreifen, weil das T'ai-chi einen Teil aller acht anderen Energien in sich trägt. Und dennoch ist es wesentlich mehr. Mit der Bedeutung dieses zentralen Bereichs befaßt sich ein spezieller Abschnitt in Kapitel neun.

Einheit (T'ai-chi)

6. Haben Sie viele gute Freunde, auf die Sie sich in Krisenzeiten verlassen können? Glauben Sie, daß Sie selbst anderen eine Stütze sind? Sind Sie großzügig, und helfen Sie anderen mit Ihrer Zeit und Ihrem Geld? Arbeiten Sie als Freiwilliger, Gönner oder Pate weniger glücklicher Zeitgenossen? Gibt es viele Menschen in Ihrem Leben, die sich als hilfreiche Freunde oder sichtbare und unsichtbare »Engel« erweisen?

Hilfreiche Freunde (Himmel)

Diesen Bereich Ihres Lebens symbolisiert der Begriff »Himmel«, der im weitesten Sinne des Wortes mit Philanthrophie (Menschenfreundlichkeit) zu tun hat.
Die selbstlosen Taten von Freiwilligen, Freunden und »Engeln« in unserem Leben sind ein Himmelsgeschenk, dessen Wert sich nicht hoch genug einschätzen läßt; umgekehrt ist

eigenes Wirken als hilfreicher Freund im selbstlosen Dienst an anderen eine der größten Segnungen des Lebens.
A. Ich arbeite ehrenamtlich in vielen wohltätigen Organisationen und stehe mit meiner Zeit und meinem Geld zur Verfügung, sooft ich kann. Ich habe viele Freunde, die alles für mich tun würden, und das gleiche gilt umgekehrt. Manchmal habe das Gefühl, daß ein Schutzengel über mich wacht. Ich versuche immer, Bedürftigen gegenüber großzügig zu sein. Schon oft haben mir Menschen in schwierigen Situationen geholfen. Es ist für mich eine wunderbare Tatsache des Lebens, daß man immer mehr zurückbekommt, als man gibt.
B. Wie oben, nur weniger stark.
C. Wie unten, nur weniger stark.
D. Wenn es mir nicht gutgeht, bin ich immer allein. Ich würde anderen ja gerne helfen, aber ich bin ständig so sehr beschäftigt, daß ich selbst kaum zu Rande komme. Ich habe nicht den Ruf, jemand zu sein, von dem man in der Not Unterstützung erwarten kann. Es gibt nicht viele Menschen, die ihre Zeit opfern, um unserer Gruppe zu helfen. Jeder macht nur wegen des Geldes mit. Selbstloses Geben ist unmöglich. Ufos sind eine reine Erfindung der Regierung. Engel gibt es nur in Märchen.

See (Kreativität)

7. Sind Sie kreativ? Haben Sie Kinder? Geht es mit Ihren verschiedenen Vorhaben voran? Haben Sie eine »schöpferische Pause«, oder fliegen Ihnen die Einfälle nur so zu? Haben Sie als Elternteil eine erfüllte und fröhliche Beziehung zu Ihren Kindern, oder ist diese Beziehung voller Aufruhr und Betrübnis? Diesem Lebensbereich entspricht das Bild des »Sees«.
Hier strömt die Energie der Kreativität zusammen

und ermöglicht Kinder, Ideen und Projekte, die man »gebiert«, und alles andere, das aus den tiefsten inneren Quellen entspringt, die unser Leben speisen. Die Freude und Schönheit, die man in allen seinen Hervorbringungen sieht, sind von dieser offenen Energie geprägt, die, wie die Kinder, auch eine große geistige Tiefe hat.

A. Meine Kinder bedeuten mir alles. Ich bin sehr kreativ. Ich bin immer voller Ideen und Pläne. Kinder sind etwas Wunderbares, und auch wenn ich selbst keine Kinder habe, liebe ich sie doch. Als Künstler ist meine Kreativität meine Lebensgrundlage, und ich schätze mich glücklich, soviel Kreativität zu haben.

B. Wie oben, nur weniger stark.

C. Wie unten, nur weniger stark.

D. Kinder sollte man sehen, aber nicht hören. Ich hatte seit Jahren keine neuen Ideen mehr. Wir können kein Kind bekommen. Ich schreibe manchmal Gedichte, aber meist fühle ich mich ziemlich blockiert. Das letzte große Projekt, das ich in Angriff genommen hatte, scheiterte kläglich. Ich möchte Kinder, aber ich glaube, daß ich unfruchtbar bin. Zwischen mir und meinen Kindern klappt es überhaupt nicht. Ich fühle mich so kreativ wie ein Stück Holz.

8. In welcher Beziehung stehen Sie zur spirituellen Welt? Meditieren, beten oder singen Sie regelmäßig Kirchenlieder? Sind Sie Atheist, Agnostiker oder ein frommer Skeptiker? Sind Sie aktives Mitglied einer Kirche oder religiösen Vereinigung? Besuchen Sie regelmäßig einen Gottesdienst, und bedeuten Ihnen religiöse Feiertage etwas? Diese Fähigkeit zur inneren Stille wird unter dem Bild des »Berges« zusammengefaßt, der für Meditation, Kontemplation und innere Schau steht.

Kontemplation
(Berg)

Das Bild des »Berges« bezieht sich nicht notwendigerweise auf organisierte religiöse Gemeinschaften, sondern mehr auf unsere Wahrnehmung des Heiligen und Spirituellen im Leben, die man oft besonders intensiv in der Einsamkeit der Berge oder einer Höhle empfindet, in der man auf sich selbst lauschen kann.
A. Mein Leben ist von spiritueller Bedeutung erfüllt. Ich meditiere täglich. Ich lese gerne die Schriften und Lehren der Meister. Ich habe in diesem Bereich viel gesucht, bin zahlreiche Wege gegangen und habe mannigfache Verwandlungen erlebt. Das Leben ist ein Geheimnis.
B. Wie oben, nur weniger stark.
C. Wie unten, nur weniger stark.
D. Ich bin sehr skeptisch gegenüber den Phänomenen, die die Wissenschaft nicht beweisen kann. Ich würde gerne meditieren, aber ich habe zuviel zu tun. Bücher über Religion und das »Spirituelle« langweilen mich. Ich habe früher an Gott geglaubt, aber ich bin mir jetzt nicht mehr so sicher. Es gibt nur das, was man sehen kann; der Rest ist für die Befriedigung der Massen. New Age ist bloß ein Geschäft. Beten gibt mir nichts. Gott ist tot. Von diesen Dingen verstehe ich nichts.

Erleuchtung (Feuer)

9. Ist es Ihnen wichtig, was andere Menschen über Sie denken? Finden Sie auf dem Gebiet Ihrer beruflichen Tätigkeit Anerkennung? Ist Ihr Leben erfüllt, oder fehlt Ihnen noch etwas? Glauben Sie, daß Sie alle Antworten auf Ihre Fragen in sich selbst finden, oder brauchen Sie die Anleitung anderer, die mehr »wissen«? Wie würde sich Ihr Leben ändern, wenn Sie wüßten, daß Sie bald sterben müssen? Dieser letzte Bereich hat mit der Energie des »Feuers« zu tun und steht für Erleuchtung.
Dieser Bereich, der manchmal fälschlich als »Ruhm« be-

zeichnet wird, ist mehr als nur Ansehen oder Ruf; er hat mit dem Licht zu tun, das im Inneren leuchtet. Wenn der Zeitpunkt des Lebensendes näher rückt, erlangt man ein tieferes Verständnis der Bedeutung von »Erleuchtung«; es wächst die innere Helligkeit, die oft aus den Augen eines alten Weisen leuchtet.

A. Jeder Tag ist ein neues Wunder. Manchmal ist das Leben wie ein Traum. Ich bin mir selbst genug und nicht auf den Applaus anderer angewiesen. Der Weg in meinem Leben scheint mir sehr klar vorgezeichnet zu sein. Andere Menschen betrachten mich als Quelle der Inspiration. Ich bin gerne allein, aber ich genieße auch die Gesellschaft anderer Menschen. Meine Intuition ist für mich ein Zeichen meiner inneren Klarheit.

B. Wie oben, nur weniger stark.

C. Wie unten, nur weniger stark.

D. Es ist mir sehr wichtig, was andere von mir halten. Ich fühle mich sehr oft verunsichert. Irgend jemand wird mir den Weg zeigen. Die Arbeit, die ich tue, findet bei niemandem wirkliche Anerkennung. Es wird noch lange dauern, bis ich zur Erleuchtung komme. Ich habe Angst vor dem Tod, und ich bin durchaus nicht bereit zu sterben.

Selbstbewertungsübersicht

Kreisen Sie Ihre Antworten in dieser Übersicht – eventuell auf einer Kopie – ein, bevor Sie zum nächsten Abschnitt gehen.

Wasser	1. A B C D
Erde	2. A B C D
Donner	3. A B C D

Wind   4. A B C D
T'ai-chi   5. Keine Antwort erforderlich
Himmel   6. A B C D
See   7. A B C D
Berg   8. A B C D
Feuer   9. A B C D

Aus seinen Prioritäten eine Perspektive formen

Wenn Sie die Übersicht ausgefüllt haben, können Sie die Bereiche Ihres Lebens gut erkennen, in denen Sie am dringlichsten mit Feng Shui arbeiten sollten. Wenn Sie zum Beispiel unter Donner D und unter See C und bei den übrigen Bereichen A oder B eingekreist haben, dann sind die unter Donner und See genannten Themen die Prioritäten, mit denen Sie sich in Ihrem Lebensraum befassen sollten. Der uns umgebende Raum ist eine Abspiegelung unserer inneren Welt; wenn Sie also herausgefunden haben, daß Sie auf die Energien des Donners und des Sees achten müssen, dann werden Sie auch Möglichkeiten entdecken, in diesem Teil Ihrer Lebens- und Arbeitswelt Veränderungen und Verbesserungen herbeizuführen.

Was Sie genau mit diesen Informationen anfangen, hängt davon ab, inwieweit Sie fähig sind, mit der unsichtbaren uns umgebenden Energie in derselben Weise umzugehen, wie Sie die Welt der Schwingungen und Gefühle im Inneren erkundet haben. Bei diesem Bemühen gibt Ihnen ein weiteres »Arbeitsblatt« in Kapitel vier Anleitung.

2 Eine Sprache für die unsichtbare Welt

> Man schaut nach ihm und sieht es nicht:
> Sein Name ist Keim.
> Man horcht nach ihm und hört es nicht:
> Sein Name ist Fein.
> Man faßt nach ihm und fühlt es nicht:
> Sein Name ist Klein.
> Diese drei kann man nicht trennen,
> darum bilden sie vermischt Eines.
>
> LAO-TZU: TAO-TE KING

Was ist Feng Shui?

Die moderne Gesellschaft beginnt die traditionelle Medizin wiederzuentdecken. Wissenschaftler und klinische Forscher erweitern ihren Horizont, indem sie die Wirkungen der Umwelt auf die Gesundheit und das Wohlbefinden des einzelnen Menschen mit berücksichtigen. Das ganze Gebiet der Architektur und Bautechnik wurde völlig verändert durch Studien, die zeigten, daß viele häufig verwendete Baumaterialien toxische, also giftige Stoffe enthalten. Man weiß heute, daß die von Hochspannungsleitungen, Radargeräten oder anderen Quellen stammende Hintergrundstrahlung bestimmte Arten von Krebs auslösen kann. Die Forschungen bezüglich der Wirkungen von Licht und Farbe auf das menschliche Verhalten haben vielen Innenarchitekten geholfen, in Wohnungen und an Arbeitsplätzen ein harmonischeres Umfeld zu schaffen.

Die Integration von Außen- und Innenwelt ist ein wesentlicher Bestandteil der meisten traditionellen Philosophien. Das japanische Sprichwort »Shin do fu ji« (wörtlich: »Boden und Mensch sind nicht zwei«) zum Beispiel bezeichnet die Einheit von Mensch und Erde. Urvölker auf der ganzen Erde wissen seit jeher, daß wir nicht von unserer Erde, unserer Heimat, von unseren Mitmenschen getrennt sind. Durch das sorgfältige Studium der Grundsätze der Einheit und die Beobachtung der zeitlosen vollkommenen Ordnung in der Welt führt Feng Shui die äußere und die innere Welt zusammen und erzeugt dadurch ein harmonisches, friedliches Wohnumfeld, in dem man gesund und glücklich leben kann.

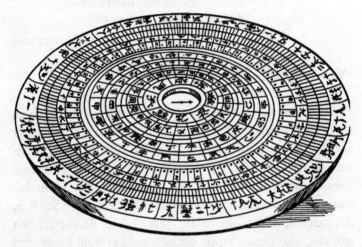

Luo-pan-Kompaß

Im alten Asien hatten die Meister in der Kunst der Plazierung ursprünglich die Aufgabe, den günstigsten Ort für das Grab eines verstorbenen Angehörigen zu finden. Nachdem die Familie den ungefähren Bereich bestimmt hatte, kam der Feng-Shui-Meister mit seinem »Luo pan«, dem Kompaß des Feng Shui, und ermittelte einen Ort in idealer Lage zwischen Hügeln, an einer Flußkrümmung oder in einem Teil, in dem die

Geister der Ahnen in Harmonie mit Himmel und Erde sein konnten. Hier wurde ein Grabmal errichtet und gesegnet, und nachdem man sich in dieser Weise um die Bedürfnisse des Geistes gekümmert hatte, war das Glück künftiger Generationen der Familie gesichert.

Im Laufe der Zeit kam zu dieser Urform des Feng Shui eine umfassende Beobachtung der lebendigen Welt und der energetischen Wirkungen der Erde auf das gesamte alltägliche Leben hinzu. Gutes Feng Shui bedeutete Wohlfahrt und ein langes Leben durch eine bewußte Verbindung zwischen der äußeren Umgebung und der inneren Welt. Feng Shui galt immer als Teil der Philosophie des *I-ching* und war immer Bestandteil des täglichen Lebens, bis westliche Einflüsse und politische Veränderungen diese altehrwürdige Wertschätzung des Unsichtbaren auszuhöhlen begannen.

Die Welt der Schwingungen

Der sanfte Wind geht still und unsichtbar.

WILLIAM BLAKE

Alle Materie schwingt. Diese unsichtbare feinstofflich-»elektromagnetische« Energie, von der die Eingeweihten aller Kulturen schon seit alters wissen – von den Chinesen wird sie »Ch'i«, von den Japanern »Ki« und von den indischen Völkern »Prana« genannt –, wird in spezifischen Mustern von Gegenständen aller Größen und Formen ausgesandt. Karten des Körper-Ch'i zeigen als »Meridiane« bezeichnete Energiebahnen, welche die Grundlage für die Akupunktur und die Massagetherapie des Shiatsu bilden.

Bei dem sogenannten Phantomschmerz tut beispielsweise das Knie eines Beinamputierten weh, obwohl es physisch-mate-

 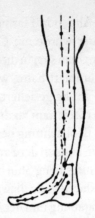

riell gar nicht mehr vorhanden ist. Das Bein ist entfernt, aber die in ihm erzeugte Energie ist nach wie vor wirksam. Ein solch verblüffendes Phänomen kann man beispielsweise mit Hilfe der Kirlian-Fotografie* belegen. Die Kirlian-Kamera zeigt die bioenergetische Strahlung, die etwa von den Rändern eines Blattes ausstrahlt. Wenn man nun ein Stück des Blattes wegschneidet, zeigt eine neue Aufnahme trotzdem das ganze Blatt, obwohl auf der materiellen Ebene jetzt ein Teil fehlt.

Diese unsichtbare Energie, diese Schwingung durchströmt unaufhörlich alles Lebendige. Sie ist in den sieben Energiechakren der ayurvedischen Medizin Indiens und den Akupunkturmeridianen der traditionellen chinesischen Medizin gut bekannt und sehr genau dargestellt – und dies schon seit Jahrtausenden. Unsere Erde weist ähnliche Meridiane auf, die

---

* Auch »Aurafotografie« genannt. Von dem russischen Elektroingenieur Semjon D. Kirlian entwickelte Technik, um das alle Dinge und Lebewesen umgebende energetische Feld sichtbar zu machen, das ansonsten nur Sensitive sehen können. Die weiterentwickelte Kirlian-Fotografie wird auch erfolgreich zur Diagnose von Krankheiten eingesetzt, bei denen herkömmliche Untersuchungsmethoden versagen (siehe zum Beispiel Dieter Knapp: *Unser strahlender Körper. Energiefeldfotografien für Diagnose und Heilung*, Knaur-Tb. 76127).

sogenannten Ley-Linien*, und Punkte konzentrierter Macht, die noch in relativ neuer Zeit als Orte großer Energie, Kraftorte, anerkannt waren und an denen unsere Vorfahren mächtige Heiligtümer und später auch Kathedralen errichteten.

Ein Tag in Avebury, einem kleinen Ort in Großbritannien, an dem Menschen in der Frühzeit gewaltige Monolithen aufgerichtet haben, mit deren Hilfe man die Bewegung der Sonne und des Mondes im Verhältnis zur Erde bestimmen konnte, sollte jeden Skeptiker von der Bedeutung dieser Energie überzeugen können. Es ist ein Ort unglaublicher Kraft, an dem diese Energie in hohem Maße konzentriert ist. Heute werden überall in der Welt solche Orte erforscht, die wegen ihres Heilungspotentials schon seit langem geschätzt wurden. Diese Eigenschaften sind seit jeher bekannt, und doch sind sie heute fast vergessen, weil man sich viel mehr mit dem technischen Fortschritt und materiellen Gewinn beschäftigt.

Divination

Der »Kompaß« des Geomanten, das Divinationswerkzeug der klassischen Meister, wies das ewige Muster der Spirale auf, in der sich die unendliche Bewegung des Ch'i zwischen Himmel und Erde spiegelte.
Wenn der Feng-Shui-Meister die acht oder mehr Ringe nach den Himmelsrichtungen, Flüssen oder Hügeln ausrichtete, konnte er blockiertes oder reichlich sprudelndes Ch'i in ganz ähnlicher Weise feststellen, wie ein Radiästhesist seine Wünschelrute oder der Akupunkteur die Pulsdiagnostik einsetzt.

* Ein Netz von Linien, das dem Engländer Alfred Wattein (1855–1935) zufolge bedeutende prähistorische Stätten verbinden soll. Ufologen sind der Auffassung, daß es sich dabei um Kraftlinien oder Orientierungshilfen für Außerirdische handelt.

Dann machte der Geomant Vorschläge für die Gestalt oder Lage eines Wohngebäudes und die Anordnung von Zufahrten und anderen Gestaltungselementen wie zum Beispiel die Lage des Schlafzimmers oder der Küche, um eine möglichst harmonische Umgebung herzustellen. Die astrologischen Daten der Bewohner wurden ebenfalls berücksichtigt, weil viele Entscheidungen vom Beruf der Bewohner, der geplanten Nutzung der Räume und einer allgemeinen Einsicht in die subtileren Aspekte der unsichtbaren Welt abhingen.

Intuitives Feng Shui

Während in vielen Teilen Asiens die Kunst der Plazierung noch häufig praktiziert wird, ist die klassische Schule, die den Kompaß des Geomanten verwendet, im Westen weniger bekannt. Dagegen erfreut sich intuitives Feng Shui bei Designern, Architekten und vielen Menschen in Heilberufen, die ein Gespür für den Zusammenhang zwischen Umwelt und Gesundheit haben, rasch wachsender Beliebtheit. Weil intuitives Feng Shui in einer universellen Kosmologie wie der östlichen Philosophie wurzelt, können Sie mit seiner Hilfe die Praxis der »Akupunktur im Raum« lernen. Der Erfolg dieser Praxis hängt von der inneren Klarheit und Einsicht des Designers, also von Ihnen ab, und dies hat mehr mit Ihrer Erfahrung als Ihrem Wissen zu tun. Wenn Blockierungen bestehen, können die Praktizierenden durch verschiedene Anpassungen den Energiestrom wieder in Gang bringen – genau wie in der Akupunktur. Um Energie anzuregen oder zu dämpfen, prüft der Anwender Farben, Formen, Texturen, Strukturen und Materialien, wie man ebenso die Ernährung als einen Faktor berücksichtigen würde, der Einfluß auf die innere Umwelt hat.

Diese Praxis hängt auch von einem Verständnis der Gliederung des Raums ab, wie sie im *I-ching* erläutert ist. Wenn diese Gliederung beim Entwurfsprozeß als Bezugspunkt benutzt wird, können Architekten mit Feng Shui außerordentlich effektive Strukturen schaffen, welche die Grundlage für das Wohlergehen der Bewohner bilden. Viele oft kopierte moderne Architekten verdanken ihren Erfolg dieser tiefen Weisheit. Oft sind aber Gebäude, die dem äußeren Anschein nach Feng-Shui-Grundsätzen entsprechen, ein Alptraum für ihre Bewohner, weil sie ohne ein Verständnis für das Ganze errichtet wurden.

Intuitives Feng Shui unterscheidet sich dadurch von der klassischen Form, daß der Schwerpunkt auf Gespür, Empfinden und Intuition liegt. Diese drei in jedem Menschen stetig aktiven Kräfte sind letztlich die Quelle der inneren Weisheit, aus der die kosmologischen Philosophien aller alten Kulturen hervorgingen. Statt zu versuchen, komplexe Energiesysteme oder kulturspezifische Anweisungen von anderen Zeiten und Orten zu analysieren und zu interpretieren, lernt man beim intuitiven Feng Shui, die stets vorhandene Weisheit im Inneren zu entdecken. Veränderungen erfolgen auf der Grundlage eines klaren Urteils und des ungreifbaren Schatzes an Intuition, zu dem wir alle unmittelbaren Zugang haben. Interessant ist in diesem Zusammenhang, daß die japanischen Zeichen für das Wort »Intuition« wörtlich »ursprüngliche Fähigkeit« bedeuten.

3 Kraftorte

> Eine unmittelbare und oberflächliche Prüfung von Dingen erlaubt uns nicht immer den Schluß, daß die Wirklichkeit mit der Wahrnehmung identisch sei.
>
> LECOMTE DU NOÜY: HUMAN DESTINY

Ein wenig Geschichte

In den sanften Hügeln Großbritanniens, nur wenige Autostunden von London entfernt, findet man einige Denkmäler der menschlichen Frühzeit, die zu den außergewöhnlichsten auf der Erde zählen. Wer einmal Stonehenge, Avebury und Silbury Mound besucht hat, wird diese besonderen Orte nicht so schnell vergessen, auch wenn ihre Bedeutung bis heute noch nicht restlos geklärt ist. Forscher in aller Welt haben mit großem Gelehrtenfleiß verschiedene Theorien aufgestellt, warum die Anlagen errichtet wurden und was sie ihren Erbauern bedeuteten.

Fest steht jedenfalls, daß diese Bauwerke mit einem Dutzend weiterer in der Gegend auf einer vollkommen geraden Linie liegen, wie ein Blick auf die Landkarte der Gegend sofort erkennen läßt. Offenbar nahmen also die Menschen jener Zeit eine Konzentration irgendeiner Form von Energie wahr, die diese Gegend durchzog. Daß sie Monolithen, Erdhügel, Tempel und Kirchen exakt auf der Linie errichteten, kann man nicht einfach einem Zufall zuschreiben. Umstritten ist heute nur noch, was die Menschen seinerzeit genau wahrnahmen.

Die Kräfte des Himmels und der Erde

Energie oder Ch'i ist eine Wirkung der vom Himmel oder von der Erde stammenden Kraft. Sie fließt stets spiralförmig, und man kann sich dies leicht verdeutlichen, wenn man Erscheinungen auf der Erde aus der Sicht eines Astronauten im Weltall betrachtet. Aus der Mitte der Spirale unseres eigenen Sonnensystems zeigt ein Blick auf den Planeten Erde Wolkenwirbel, die Trichterwolken von Hurrikanen und Tornados und die Bewegung der Meere. Auf der nördlichen Hemisphäre dreht sich diese Spirale im Gegenuhrzeigersinn; das bedeutet zum Beispiel auch, daß Wasser im Gegenuhrzeigersinn in den Abfluß fließt. Auf der anderen Seite des Äquators verläuft diese Bewegung in der Gegenrichtung. Wenn man das Leben auf der Erde näher betrachtet, entdeckt man, daß die Natur dieses Muster überall wiederholt: im Geweih eines Elchs, in der Anordnung der Zweige eines Baums, in der Form einer Muschel, in der Struktur der ganzen Schöpfung. Beim Menschen beginnt diese Struktur mit der spiralförmigen Bewegung von Sperma und Eiern, und sie ist unserem Körper noch in vielfältiger anderer Weise eingeprägt. Im Fingerabdruck, im Haarwachstum, in der Auskleidung der Speiseröhre, in den Nervenfasern, in den Geschlechtsorganen, im Herzgewebe: überall findet sich die Spirale – bis hin zur Doppelhelix unserer genetischen Grundbausteine, der DNS.
Dieses ständig wiederkehrende Muster des Universums, das sich aus der Kraft des Himmels und der Kraft der Erde manifestiert, ist Ausdruck der Ch'i-Energie, die man sich in prähistorischen Zeiten mit der Errichtung von Monumenten wie Stonehenge und Silbury Mound dienstbar machte. Die moderne Technik erlaubt es uns heute, die Stärke dieser Energie zu messen und dadurch – jedenfalls für Skeptiker – das Vor-

handensein von etwas Ungewöhnlichem an diesen Orten zu bestätigen.

Wie das nahe gelegene Avebury wurde Silbury Mound von Menschen angelegt, um die Kraft der Erde zu bündeln und in dieser Weise mehr Himmelskraft auf diesen Ort herabzuziehen. Die nach einem bestimmten Muster angeordneten Monolithen von Stonehenge und Avebury sind gewissermaßen Magnete für die Himmelskraft, ein Akt der Anerkennung des Lebens. Hier wurden zweifellos Feste, Feiern, Geburtsrituale, die Beobachtung von Sommersonnenwenden und von Herbst-Tagundnachtgleichen durch die richtige Plazierung von Objekten zur Kräftigung dieses Schwingungsfeldes intensiviert.

Andere Orte in der Nähe von Avebury und auf dem Ley (siehe Seite 47) von Stonehenge wurden dagegen nicht zur Anziehung der Lebenskraft des Himmels benutzt, sondern zu ganz anderen Zwecken. Longbarrows zum Beispiel ist ein langer, höhlenartiger Tunnel, der für die meisten heutigen Stadtmenschen, die zu verstehen versuchen, was dort sei, noch geheimnisvoller ist als für diejenigen, die ergründen möchten, was da *nicht* sei ...

In Longbarrows ist eine ganz andere Energie vorhanden: Der Ort wurde dazu angelegt, um die in die unsichtbare Welt des Ch'i aufsteigende Erdenkraft zu bündeln. Innerhalb des Höhlentunnels führen kleine Alkoven zu einem zentralen »Altar«, an dem die Alten die intensive Konzentration derselben Kraft nutzen konnten, die anwesend ist, wenn das Erdendasein eines Menschen zu Ende geht. Hier und an ähnlich »aufladenden« Orten in der übrigen Welt meditierten unsere Vorfahren, wodurch sie eins mit der Essenz ihrer wahren Natur wurden und sich ohne Mühe aus ihrer physischen Form lösten.

Beim Tode geht unser letzter Atemzug nach innen und oben. Diese frühen Astralreisenden übten möglicherweise in den äußeren Alkoven; wenn die Zeit ihres Weggangs in die andere Welt kam, nahmen sie auf dem Altar Platz und »starteten« mit der konzentrierten Erdenkraft unter sich.

Longbarrows war kein Friedhof, Begräbnisplatz oder Grab irgendwelcher Art, sondern einfach ein Ort, an dem das Leben auf der Erde endete und die physische Gestalt abgelegt wurde.

Auch die Römer bauten bei der Gründung ihrer Städte einen senkrechten Schacht mit einem abgerundeten Dach, Longbarrows nicht unähnlich, in dem die abgeschiedenen Geister Geschenke von den Lebenden empfingen, wodurch die Kontinuität der Generationen gesichert wurde.

Bewußte Entscheidungen treffen

Auch wenn es uns vielleicht nicht unbedingt darum geht, eine Umgebung in unserer Wohnung oder in unserem Büro zu schaffen, in der wir unseren Körper zu Astralreisen verlassen oder eine Energie auf uns ziehen können, mit der wir mehr aus unserem Leben machen können, ist es doch offensichtlich, daß auch profanere Aktivitäten durch ein vertieftes Verständnis der in der Umgebung vorhandenen Elemente, durch welche die Kraft des Himmels oder der Erde konzentriert wird, gewinnen können. So haben zum Beispiel manche Schlafzimmer, in denen die Bewohner über Schlaflosigkeit klagen, zuviel Himmelskraft, was nicht daran liegen muß, daß das Zimmer über einer Ley-Linie oder auf einem künstlichen Hügel liegt, sondern seine Ursache auch in der Auswahl der Farben, Stoffe, Strukturen und der allgemeinen Raumgestaltung haben kann. Büros mit gruftähnlicher Atmosphäre, in denen die Beschäftigten immer wieder über Müdigkeit klagen, sind einfach als Arbeitsumgebung ungeeignet – eine Folge innenarchitektonischer Entscheidungen, die unbewußt

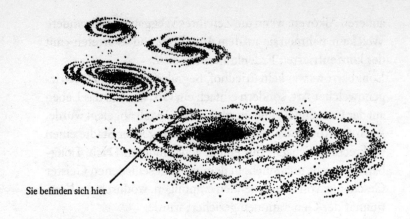

Sie befinden sich hier

getroffen wurden, aber große Auswirkungen auf das Wohlbefinden der Menschen haben.

Die Anwendung von Feng Shui erlaubt es, eine Umgebung zu schaffen, die für ihren Bestimmungszweck geeignet ist. Mit Feng Shui kann man bestehende Ungleichgewichte beseitigen, um in seinem Leben Verbesserungen herbeizuführen. Um diese Ergebnisse erzielen zu können, braucht man jedoch eine ganz andere Betrachtungsweise der Welt, wobei man sich nicht nur auf dasjenige konzentriert, was da ist, sondern auch auf das, was *nicht* da ist. Manche Menschen sind sich ihrer Realität so sicher und haben sich so sehr auf eine bestimmte Perspektive der Welt festgelegt, daß es ihnen sehr schwer fällt, eine Betrachtungsweise aufzugeben, die »der Norm« gehorcht.

Die Geschichte vom Brunnenfrosch

Es war einmal ein Frosch, der in einem Brunnen hinter einer Waldhütte lebte. Als der Frosch eines Tages vor seinem Zuhause umherhüpfte, begegnete er einem fremden Frosch.

»Wer bist du, und woher kommst du?« fragte er den anderen Frosch.
»Ich komme aus dem Meer«, antwortete jener.
»Aus dem Meer? Was ist das?« fragte der Brunnenfrosch.
»Es ist sehr groß«, sagte der Meeresfrosch.
»Groß? Wie groß? Ist es so groß wie ein Viertel meines Brunnens?«
»Ja«, antwortete der Meeresfrosch, und er fügte hinzu: »Sogar noch größer ...«
»Nun gut, ist es also so groß wie mein halber Brunnen?« fragte der Brunnenfrosch, der allmählich Vertrauen faßte.
»Ja, mein Freund, es ist sogar noch größer!«
»Noch größer? Das ist ja nicht zu glauben! Kannst du mir zeigen, wo du wohnst, jenen Ozean, den du dein Zuhause nennst?«
»Natürlich«, sagte der Meeresfrosch, »aber dann mußt du aus deinem Brunnen herauskommen und mit mir gehen.«
»Gut, gehen wir!« sagte der Brunnenfrosch und hüpfte aus seinem Brunnen heraus zu seinem neuen Freund.
Der Meeresfrosch hüpfte bis zum Rand des Brunnens voran, sprang von der Kante herab und hüpfte weiter durch den Wald. Der Brunnenfrosch folgte ihm dicht hinterher. Am Rande des Waldes kamen sie an eine Lichtung, und der Meeresfrosch hüpfte, ohne zu zögern, über das freie Feld und einen weiteren Hügel, bis sie an einen Sandstrand kamen. Dort, am Ufer des Meeres, wandte sich der Meeresfrosch zum Brunnenfrosch um. Dann saßen sie eine Weile und blickten auf das Meer hinaus.
»Sieh«, sagte der Meeresfrosch, »dies ist das Meer, in dem ich lebe.«
Als nun der Brunnenfrosch die unermeßliche Weite sah, die vor ihm lag, platzte er.

Wenn man sein Zuhause verläßt, seine vertraute Welt, und die Beschränkungen überwindet (Mauern, Grenzen oder Schranken), dann ist alles möglich. Wenn man die Macht der unsichtbaren Welt wahrzunehmen beginnt, ist es durchaus möglich, daß man explodiert – und neue Möglichkeiten für die Zukunft tun sich auf.

Feng Shui in der heutigen Welt

Das Gebiet desjenigen, was wir über das Leben *nicht* wissen, ist weitaus größer als das Gebiet dessen, was wir wissen. Die Welt der Architektur hat sich in den letzten zwanzig Jahren aufgrund der Explosion des technischen Wissens, der computerunterstützten Konstruktion und großer Fortschritte infolge der Einsicht in die Notwendigkeit des Energiesparens ganz erheblich verändert. Die Auswirkungen dieser Fortschritte beginnen wir jetzt erst allmählich wahrzunehmen, indem wir manche Gebäude als krankmachend empfinden, manche Umgebungen als künstlich oder steril, und manche Materialien als toxisch entlarven. Wir haben endlich die Spitze des Eisbergs (oder, wenn Sie wollen, das Ufer des Meeres) erreicht und stehen an der Schwelle zu einem Zeitalter, in dem wir eine bessere Wahrnehmung von der Bedeutung der Energie erreicht haben, die wir nicht ohne weiteres messen können.

Eine Gestaltungsweise, die Achtung vor dem Leben hat und die Natur mit einbezieht, ist viel mehr als nur ein Einkaufszentrum mit Rampen für Rollstühle und vielen Pflanzen. Lebendige Gestaltung ist so, wie selbstgemachtes Brot riecht: warm, köstlich und unwiderstehlich. Die Designer der Zukunft werden nicht auf Computer verzichten, aber vermehrt ihre Intuition und Kreativität einsetzen, um eine lebendige

Umgebung für die Menschen zu schaffen, die in ihr leben. Das Verständnis für Energieströme, für die Kräfte des Himmels und der Erde, für Schallwellen, Licht, lebendige Objekte und auch die Gesundheit werden für unser Glück und unser Dasein überhaupt viel wichtiger werden als modischer Schnickschnack und Fassaden. Jeder Raum ist von der lebendigen Energie erfüllt, die wir alle fühlen. Dies ist Feng Shui für unsere Zeit – nicht nur »Wind und Wasser« aus einer jahrtausendealten Kultur, sondern vielmehr die Schöpfung lebendiger Räume, die wie klare, frische Luft und frei strömendes Wasser sind. Feng Shui stellt die Verbindung mit der Majestät und zeitlosen Gegenwart der Energie des Planeten Erde wieder her und gibt uns die Mittel zur harmonischen Zusammenführung von Gegensätzen an die Hand: Himmel und Erde, Mann und Frau, Instinkt und Intellekt, Äußeres und Inneres, das Sein und das Göttliche.

4 Gibt es einen Doktor im Hause?

> Es war einmal ein krummer Mann, der eine krumme Meile ging,
> er fand einen krummen Groschen an einem krummen Zaun:
> Er kaufte eine krumme Katze, die eine krumme Maus fing,
> und sie lebten miteinander in einem kleinen krummen Haus.
>
> J. O. Halliwell, 1842

Diagnose

Wenn Sie in einem »krummen Haus« leben, wird vieles in Ihrem Leben »krumm« sein. Weil sich in Ihrer Umgebung offenbart, wer Sie sind, wie Sie das Leben wahrnehmen und was jetzt in Ihrem Leben geschieht, kann die Selbstbewertungsübersicht (siehe Seite 41) in unterschiedlicher Weise beurteilt werden. Damit Sie einen Anhaltspunkt haben, worum Sie sich in Ihrem Haus kümmern müssen, besteht der erste Schritt beim intuitiven Feng Shui darin, Fragen bezüglich Ihres Lebens zu stellen. Wenn Sie überall ein A erreicht haben, dann besteht im Augenblick keine Notwendigkeit, daraus ein »A+« zu machen. Weil andererseits jeder Teil eines Ganzen in irgendeiner Weise mit allen anderen Teilen verbunden ist – denken Sie etwa an die paarigen Organe des Körpers oder die sich gegenseitig ergänzenden (komplementären), gegensätzlichen (antagonistischen) Beziehungen überall in der natürlichen Welt –, wird die Korrektur nur eines einzigen Elements Auswirkungen auf alles andere in Ihrem Leben haben. Eine herzliche Beziehung zu den Eltern erhöht die Chance, daß man auch mit einem bedeutsamen anderen Menschen glücklich wird, und wenn man alles aus einer positiven Haltung angeht, hat dies auch Einfluß auf die eigene Wahrnehmung der unsichtbaren Welt des Geistes. Machen Sie sich keine Sorgen, wenn Sie nicht überall oder gar kein A erreicht haben!

Ihre Prioritätenliste

Der nächste Schritt besteht darin, Ihre Antworten in eine Prioritätenliste umzuwandeln, indem Sie die Zahlen in aufsteigender Reihenfolge aufschreiben und jedes A weglassen. Nehmen wir zum Beispiel an, Ihre Selbstbewertungsübersicht sähe wie folgt aus:

Wasser	1.	Ⓐ	B	C	D
Erde	2.	A	B	C	Ⓓ
Donner	3.	A	B	C	Ⓓ
Wind	4.	A	B	Ⓒ	D
T'ai-chi	5.	Keine Antwort erforderlich			
Himmel	6.	A	Ⓑ	C	D
See	7.	Ⓐ	B	C	D
Berg	8.	Ⓐ	B	C	D
Feuer	9.	A	Ⓑ	C	D

Ihre Prioritätenliste würde damit lauten: 2, 3, 4, 6, 9, Erde, Donner, Wind, Himmel und Feuer.

Auf der positiven Seite würde diese Liste bedeuten, daß Sie Ihre Tätigkeit gern ausüben, auf dem richtigen Wege sind, eine gute Stelle haben und mit Ihrem »Weg« zufrieden sind und sich deshalb für Wasser ein A gaben. Weiterhin haben Sie eine gute Beziehung zu Ihren Kindern, oder Sie fühlen sich

sehr schöpferisch, oder Kinder sind kein Thema, das Sie belastet, weshalb Sie sich auch im Bereich »See« Note A gaben. Auch was das Geistige betrifft, sehen Sie bei sich keine Probleme: Vielleicht meditieren Sie, gehen regelmäßig zur Kirche oder haben eine gesunde Wahrnehmung spiritueller Dinge, und dies erlaubt es Ihnen, den als »Berg« bezeichneten Bereich für sich als A einzustufen.
Bei den Beziehungen dagegen gaben Sie sich bei Erde ein D, weil Sie vielleicht alleinstehend sind (und das bedauern) oder sich vor kurzem trennten oder haben scheiden lassen – oder weil Ihre Empfindungen hinsichtlich Ihrer Beziehung, Partnerschaft oder Ehe überwiegend negativ sind. Weiterhin scheint es in diesem Beispiel familiäre Probleme zu geben, da ein D im Bereich Donner Schwierigkeiten mit den Eltern oder älteren Menschen anzeigt, ungelöste Zwistigkeiten mit Lehrern oder eine andere Herausforderung in Zusammenhang mit Menschen, die vor Ihnen auf der Welt waren. Weil also Erde und Donner als D eingestuft sind, kommen Sie in der Reihenfolge, in der sie erscheinen, ganz oben auf die Prioritätenliste. Als nächstes folgt Wind mit der Bewertung C, was auf gewisse Schwierigkeiten mit Geld und den allgemeinen finanziellen Verhältnissen hinweist. Am Ende der Liste stehen Himmel und Feuer, die Sie mit B bewertet haben. In diesem Beispiel gibt es nur ein geringfügiges Problem im Bereich »hilfreiche Freunde« und »Selbsterleuchtung«, das aber immer noch bedeutsam genug ist, um in die Liste aufgenommen zu werden.
Diese Übung verlangt von Ihnen, gewisse Unterscheidungen in Ihrem Leben zu treffen, die Bereiche Ihres Lebens, die die meiste Aufmerksamkeit erfordern, in eine gewisse Reihenfolge der Bedeutsamkeit zu bringen. Ihre Liste kann alle acht Bereiche oder nur einen einzigen umfassen – auf die Zahl kommt es überhaupt nicht an, weil jeder sein Leben anders

wahrnimmt. Das positive hieran ist, daß man Dinge verändern kann, und wenn man sich einmal Klarheit darüber verschafft hat, was geändert werden muß, dann kann man mit Hilfe der Prioritätenliste »sein Haus in Ordnung bringen«.

Wo sind Maßnahmen erforderlich?

Die Prioritätenliste unseres Beispiels bedeutet, daß in Ihrem Haus die Energien von Erde, Donner, Wind, Himmel und Feuer einer Berichtigung, Verbesserung oder Änderung bedürfen. Hiervon braucht man Sie natürlich nicht erst zu überzeugen – wahrscheinlich waren Sie auf der Suche nach einem Lebenspartner, hatten schon viele Selbsthilfebücher für Eltern und Kinder gelesen und spirituelle Seminare oder Meditationskurse absolviert, bevor Sie diese Liste erstellt haben. Intuitives Feng Shui wird aber nun diese Probleme nicht direkt angehen, sondern Ihnen zeigen, wie Sie mit Hilfe einer Veränderung Ihrer Umgebung, Ihres Lebensraums damit umgehen können.
Bevor Sie Ihr Haus prüfen und feststellen, wie Sie es verändern können, sollten Sie sich etwas Zeit nehmen, über die einzelnen Bereiche auf Ihrer Prioritätenliste nachzudenken. Gehen Sie jeden Bereich Ihres Lebens durch, und visualisieren Sie, wie Sie sich ihn idealerweise vorstellen. Wie bei allen Dingen geht auch bei intuitivem Feng Shui die Idee der Materialisierung voraus. Die Welt der Schwingungen kommt vor der Materialisierung der physischen Welt, weshalb es (unabhängig von Ihrem Glaubenssystem) sehr hilfreich sein kann, sich vorzustellen, wie die Dinge sein könnten, und sich in die Erwägung von Möglichkeiten einzuüben.
Nachfolgendes ist nur ein Beispiel dafür, was Sie sagen könnten. Formulieren Sie mit Ihren eigenen Worten Ihre eigene

Wahrheit – kopieren Sie nicht einfach einen Satz aus dem Beispiel. Denken Sie positiv, und erwägen Sie ruhig auch die Möglichkeit eines »Wunders« ...!

Das Visualisierungsarbeitsblatt ausfüllen

Schreiben Sie auf das »Arbeitsblatt« im Anhang zuerst die Nummer und das »Haus«, an dem Sie arbeiten wollen (zum Beispiel 2/Erde), und schreiben Sie dann etwas Ähnliches wie:

- Ich visualisiere einen guten Mann, der für meine Bedürfnisse empfänglich ist.
- Ich kann meinen Partner sehen, und ich beginne, unsere Unterschiede zu akzeptieren und mich mehr darauf zu konzentrieren, wie wir einander ergänzen.
- Ich beginne Frauen anzuziehen, die jetzt auf mich aufmerksam werden und meine Einladung zum Ausgehen annehmen. Ich habe so viel Auswahl, daß ich nicht mehr weiß, wo ich beginnen soll!
- Ich sehe, daß mein Partner mir meine Vergangenheit verzeiht, und wir bauen gemeinsam an einer neuen Zukunft.

Schreiben Sie dann in ein neues Feld für 3/Donner etwa folgendes:

- Ich bemerke, daß meine Mutter meine Meinung ernst zu nehmen beginnt und nicht mehr so tut, als ob nur sie eine Ahnung hätte.
- Mein Zorn über das, was mein Großvater tat, verwandelt sich in Nachsicht, und ich kann die ganze Bitterkeit der Vergangenheit loslassen.

- Ich sehe, daß sich mein Chef ändert, daß er sich nicht mehr beklagt und Veränderungen wirklich anerkennt.

In das Feld für 4/Wind könnten Sie vielleicht die folgenden Sätze schreiben:

- Ich bekomme eine Gehaltserhöhung und kann meine Schulden bezahlen.
- In einer überregionalen Zeitung wird eines meiner Gedichte veröffentlicht.
- Endlich gewinne ich einmal etwas – zum ersten Mal in meinem Leben!
- Ich habe eine Glückssträhne erwischt!
- Es sieht so aus, als ob ich endlich einmal zur richtigen Zeit am richtigen Ort wäre.

In das Feld für 6/Himmel könnten Sie schreiben:

- Auf Michael kann ich mich wirklich verlassen, er ist ein großartiger Freund.
- Meine Arbeitskollegen fragen mich plötzlich, ob sie mir etwas helfen können, statt mir die kalte Schulter zu zeigen.
- Meine Nachbarn und ich beginnen, uns umeinander zu kümmern.
- Ich erkenne, daß ich wirklich einen Schutzengel habe.

In das Feld für 9/Feuer könnten Sie schreiben:

- Es ist mir nicht wichtig, was andere Menschen von mir denken.
- Ich habe alle Antworten in mir.
- Die Menschen interessieren sich mehr für mich, und meine Meinung ist gefragt.

– Ich beginne zu erkennen, daß der, der ich bin, niemals wirklich stirbt.

Ihr eigenes Arbeitsblatt könnte Sätze enthalten, die Sie vielleicht aussprechen würden, wenn sich Ihr Leben durch die Überprüfung dieser Bereiche in naher Zukunft in der gewünschten Weise änderte. Verwenden Sie möglichst Ichaussagen aus Ihrer eigenen Perspektive, nicht: »Mein Vater entschuldigt sich ...«, sondern: »Ich sehe, daß mein Vater ...« Bewahren Sie diese Liste für die Feng-Shui-Anpassungen auf, von denen später die Rede sein wird. Jeder Bereich sollte sich mindestens um eine Notenstufe verbessern – manche Bereiche werden sogar ein A bekommen und überhaupt nicht mehr in der Liste erscheinen!
Muster der Liste, die Sie sich gegebenenfalls auch kopieren können, finden Sie im Anhang.

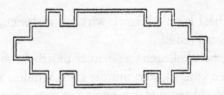

5 Traditionelle Weisheit für moderne Zeiten

Das I-ching

Ein intuitives Verständnis des Feng Shui ruht auf vielen Grundlagen, von denen jedoch keine so wichtig ist wie gute Kenntnisse des *I-ching (Das Buch der Wandlungen)*. Dieses traditionelle Orakelbuch soll nach der chinesischen Mythologie von Fu Hsi, dem »Vater der Zivilisation«, vor mehr als viertausend Jahren verfaßt worden sein. Dieser Weise soll eines Tages am Ufer des Flusses Lo in Nordchina meditiert haben, als eine Schildkröte aus dem Wasser auftauchte. In einem Augenblick göttlicher Inspiration erkannte Fu Hsi, daß sich die ganze Welt in den regelmäßigen Zeichnungen auf dem Panzer der Schildkröte spiegelte.

Die acht Trigramme

In den zu Dreiergruppen geordneten gebrochenen und ungebrochenen Linien drückt sich der Makrokosmos durch den Mikrokosmos der acht Trigramme aus, den möglichen Kombinationen aus drei ungebrochenen und gebrochenen Linien. Diese acht Zeichen symbolisieren alle Aspekte der Natur: Himmel, Erde, Feuer, Wasser, Berg, See, Wind und Donner. Weiterhin lassen sich alle Gefühlsregungen, physischen Stoffe, spirituellen Eigenschaften und überhaupt alle Dinge einem der acht Trigramme zuordnen. Hierin erkannte Fu Hsi die vollkommene Welt. Nach der chinesischen Mythologie stieg ein Drachenpferd aus dem Gelben Fluß, auf dessen Rücken Fu Hsi das als »vor-himmlische« Reihenfolge bezeichnete sogenannte Flußdiagramm erkannte, die Struktur beziehungsweise Anordnung der Trigramme. Insofern die Struktur an die neun Kardinalzahlen erinnert (wobei der mittleren Zahl Fünf kein spezifisches Trigramm zugeordnet ist), war sie vielleicht auch das erste »magische Quadrat«.

Das Buch der Wandlungen bespricht alle möglichen Kombinationen dieser acht Symbole, woraus vierundsechzig Kapitel mit Weisheiten über die Natur des Wandels entstanden. Dieses Orakel, das vor der Erfindung der Schreibkunst jahrtausendelang mündlich weitergegeben worden war, galt als der unmittelbarste Zugang zu einem menschlichen Verständnis unseres Orts zwischen Himmel und Erde. Um 1200 vor Christus bauten zwei fürstliche Gelehrte, König Wen und der Herzog von Chou, die Verse aus, wodurch eine ausführlichere Beschreibung entstand, die bereits weitgehend die heute bekannte Form hatte. Sie veränderten auch die Position der acht Trigramme auf dem Flußdiagramm, wodurch eine »nach-himmlische« Sequenz entstand, die nicht die »vollkommene Welt« in einer abstrakten Form ausdrückte, sondern eine

Welt in Bewegung, eine sich wandelnde Welt, in deren Mitte der Mensch stand. Fünfhundert Jahre später brachten keine geringeren Weisen als K'ung-tzu (Konfuzius) und Lao-tzu ihr ganzes Leben mit dem Studium der tiefen Weisheit des *I-ching* als unerschöpflicher Quelle der Inspiration und der spirituellen Anleitung zu.

Heute gibt es eine Vielzahl von Übersetzungen des *I-ching* und eine Fülle von Sekundärliteratur, die von gelehrten Betrachtungen der kulturellen Symbolik bis zu schlichten »Wahrsageanleitungen« reichen. Das *I-ching*, das neben Laotzus Klassiker *Tao-te king* als die Grundlage der taoistischen Philosophie gilt, bleibt aber ein persönliches Orakel, das sich einer abschließenden Beschreibung entzieht und mit keinem anderen geschichtlichen Weisheitsschatz vergleichbar ist.

Die Anordnung der Trigramme in einem magischen Quadrat, der sogenannten »nach-himmlischen Reihenfolge« (siehe Abbildung im folgenden Abschnitt), wird beim intuitiven Feng Shui als Ausgangspunkt für alle Gestaltungsentscheidungen benutzt. Das »Raster« (oder Bagua) ist die Auflegemaske für ein Grundstück, ein Haus oder ein Zimmer, die der Architekt oder Innenarchitekt mit Hilfe einfacher Gestaltungsprinzipien ins Gleichgewicht bringt. Zu diesen Prinzipien zählen Farbe und Licht, einfache Berichtigungen geometrischer Verhältnisse, die räumliche Gliederung im Sinne eines harmonischen Verkehrsflusses und eine Reihe weiterer esoterischer Lösungen für wichtige Bagua-Bereiche, in denen die Bewohner eine Verbesserung wünschen. In Kapitel sieben wird Ihnen eine ausführliche Erläuterung des Bagua und seiner Anwendung die Tür zu diesem unsichtbaren Energiemuster öffnen.

Das Bagua

Ein genauerer Blick auf die »nach-himmlische« Reihenfolge, die Form des Bagua, erschließt eine Beziehung zwischen Trigrammpaaren aufgrund der physischen Plazierung einerseits und der energetischen Symbolik andererseits. Das erste »reine« Paar ist Himmel und Erde, das durch drei ungebrochene und drei gebrochene Linien bezeichnet wird. Dieses Paar heißt die »universellen Gegensätze«. Das nächste sind die »organischen Gegensätze« Feuer und Wasser, es folgen Berg und See, die »natürlichen« oder »elementaren Gegensätze«, und schließlich Wind und Donner, die »impulsiven Gegensätze«. Hieraus entstehen vier Paare, die acht Trigramme des Bagua.

Universelle Gegensätze		Organische Gegensätze		Elementare Gegensätze		Impulsive Gegensätze	
☰	☷	☲	☵	☶	☱	☴	☳
Himmel	Erde	Feuer	Wasser	Berg	See	Wind	Donner

Es ist faszinierend festzustellen, daß die Struktur eines jeden Trigramms eine bestimmte Energiequalität vermittelt, die eng mit ihrer Symbolik verknüpft ist. Der Himmel, der aus drei ungebrochenen Linien besteht, ist die schöpferische Kraft, der ursprüngliche Geist, aus dem sich alles andere manifestiert; genau den gegenteiligen Aufbau besitzt Erde mit ihren drei gebrochenen Linien, die empfangende Kraft, die sich den Segnungen des Himmels öffnet, wenn der Boden von der Sonne, vom Regen und anderen Kräften der Atmosphäre genährt wird. Zusammen entsprechen sie auch dem Gegensatzpaar männlich und weiblich.

Beim Trigramm Feuer erkennt man zwei durchgehende Linien außen und eine gebrochene Linie innen. Das Trigramm

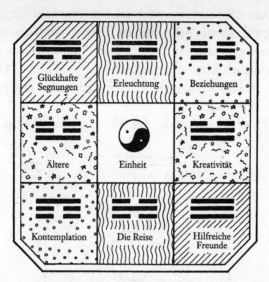

Das Bagua (»nach himmlische« Reihenfolge)

für Wasser besteht umgekehrt aus zwei gebrochenen Linien außen und einer durchgehenden Linie innen: Wasser scheint klar und offen zu sein, und doch besitzt es in der Mitte Masse. Das Trigramm für Berg, eine ungebrochene Linie über zwei gebrochenen Linien, erzeugt das Bild eines Raums in einem Behälter, ähnlich einer Höhle in einer Bergflanke; der See entsteht aus der umgekehrten Anordnung, wobei die Oberfläche offen ist und unten wie bei einem tiefen See Masse ist. Hier wird also ein Unterschied zwischen Wasser und See gemacht: Ersteres ist an beiden Seiten offen (wie der Weg, den sich fließendes Wasser schafft), während letzterer mehr von der offenen Oberseite aus betrachtet wird und das Untere wie eine Schale geschlossen ist. Das letzte Paar, die impulsiven Gegensätze, zeigt wiederum Figuren, die ganz im Einklang mit ihren Namen stehen. Der dröhnende Baß des Donners ist eine gewaltige Kraft; aber der sich erhebende Donner verklingt, ohne Schaden anzurichten. Das Trigramm für Donner besteht aus einer ungebrochenen Linie an der Basis und darüber zwei gebrochenen Linien. Der Wind hat keine »Wurzel«, und doch führt er große Kräfte über den Boden: Das Trigramm ist aus zwei ungebrochenen Linien über einer gebrochenen aufgebaut.

Fu Hsi beobachtete Bilder der schwingenden Welt in ihrem

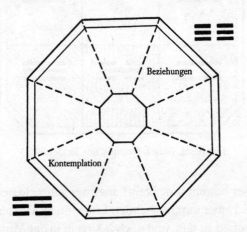

Bezug auf die Naturelemente. Weitere Symbole, die den einzelnen Trigrammen zugeordnet sind, verstärken diese Assoziationen. Der Himmel, die schöpferische Kraft, unterstützt und nährt alles, was sich auf der Erde in den menschlichen Angelegenheiten manifestiert; deshalb heißt dieses Haus »hilfreiche Freunde«. Die Erde, das Empfängliche, steht für das größte aller Prinzipien in jeder Ehe, das heißt das Zuhören, Empfangen und Alles-Umschließen – die unbedingte Liebe. Dieses Haus heißt demgemäß »Beziehungen«. Wie alle anderen Paare sind auch die universellen Gegensätze voneinander abhängig und bleiben über die feinstoffliche Welt der Schwingungen miteinander verbunden. Das vom Trigramm

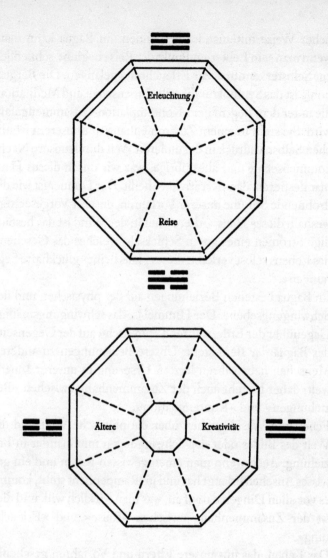

Feuer bezeichnete Haus hängt mit dem inneren Licht und innerer Klarheit zusammen, weshalb es »Erleuchtung« heißt; Wasser, das wie unser alltägliches Leben durch die Zeit fließt, ist die »Reise«. Feuer und Wasser sind seit jeher in offensichtlicher Weise miteinander verbunden; im Bagua kann man, wenn man sein Leben am Punkt der Reise beginnt, schließlich zur Selbsterkenntnis, zur Erleuchtung gelangen. Die Bergeshöhle ist das Symbol für die stille Innenschau und Meditation, die unter dem Begriff der »Kontemplation« zusammengefaßt wird. Sie steht in einem Zusammenhang mit unserem fröhlichen Selbstausdruck in der äußeren Welt durch unsere Nachkommenschaft und alles übrige, was wir durch dieses Haus manifestieren, das »Kreativität« heißt. Der Donner ist wie die dröhnende Stimme unserer Vorfahren, unserer Vorgesetzten, weshalb dieses Haus »Ältere« heißt; der Wind ist das beständige Strömen eines guten Schicksals, welches das Geschenk des Lebens selbst verleiht; dieses Haus heißt »glückhafte Segnungen«.

Im Bagua bestehen Beziehungen auf der physischen und der Schwingungsebene. Der Himmel ist das schwingungsmäßige Gegenüber der Erde, während »physisch« auf der Gegenseite des Bagua der Berg steht. Unsere Beziehungen zu anderen Menschen haben ihren letzten Ursprung in unserer Innenwelt; daher besteht auch der Zusammenhang zwischen »Beziehungen« und »Kontemplation«.

Feuer und Wasser stehen über die physische Welt und die Welt des Bildes oder der Schwingungen miteinander in Beziehung. Auch wenn man einen gewissen Ruhm und ein gewisses Ansehen erlangt hat und im Rampenlicht steht, kommt es vor allen Dingen darauf an, was man wirklich will, und dies ist der Zusammenhang zwischen »Reise« und »Erleuchtung«.

Das Leben, das uns unsere Eltern und Vorfahren geschenkt haben, ist die größte aller Segnungen; daher besteht die untrennbare Beziehung zwischen »Älteren« und »glückhaften Segnungen«. Wenn man eine gute Beziehung zu Älteren hat, fällt es leichter, Selbstausdruck durch Kreativität und Nach-

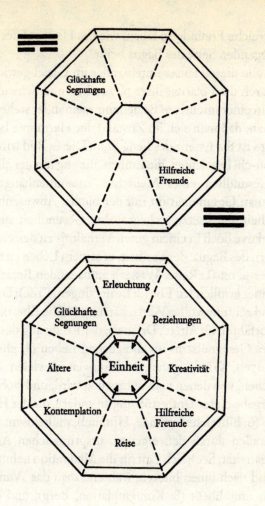

kommenschaft zu realisieren. Das Bild der Älteren und dasjenige der Kreativität sind in unserer Psyche immer miteinander verbunden.

Wenn man mit einem glücklichen Schicksal gesegnet ist, steht »Wind« in einer Beziehung zum »Himmel«. Was könnte man mit all dem Geld Besseres tun, als es wegzuschenken und

als hilfreiche Freunde zu leben, wie das Haus auf der gegenüberliegenden Seite des Bagua heißt. Wenn alle diese Häuser miteinander im Gleichgewicht sind und durch die Polarität ihrer physischen und Schwingungskräfte in einer intensiven Beziehung zueinander stehen, dann sagt man, daß man sich im Zustand der Harmonie befindet, und dies ist die Essenz des Feng Shui. Dieses Bild wird durch das T'ai-chi bezeichnet, die Einheit, die eng mit der allgemeinen Gesundheit eines Menschen zusammenhängt. Auch wenn man Gesundheit oft mit der bloßen Abwesenheit von Krankheit gleichsetzt, so liegt wahre Gesundheit aus dieser Perspektive doch in einem guten Verhältnis zu den einzelnen Häusern des Bagua: der Freiheit, in seinem Leben zu tun, was man gerne tut (1: Reise, Wasser); aufbauenden Beziehungen oder einer erfüllenden Ehe (2: Beziehungen, Erde); Dankbarkeit und achtungsvoller Wertschätzung für die Eltern, Lehrer und Vorfahren (3: Ältere, Donner); der Erfahrung des Glücks und des Gesegnetseins im alltäglichen Leben (4: glückhafte Segnungen, Wind); guten Beziehungen zu vielen anderen Menschen, von denen man unterstützt wird, und wohltätiger Weitergabe dieser Unterstützung an andere, die der Hilfe bedürfen (6: hilfreiche Freunde, Himmel); mühelosem Wirken nach außen durch den eigenen, ursprünglichen Ausdruck (7: Kreativität, See); sich Zeit für die Meditation nehmen, still sein und nach innen blicken, während man das Wunder des Lebens umschließt (8: Kontemplation, Berg); und der Erkenntnis der eigenen wahren, göttlichen Natur als Krone der Schöpfung (9: Erleuchtung, Feuer). Wenn alle Häuser des Bagua in Harmonie miteinander sind, entsteht Gesundheit (5: Einheit).
Halten Sie einen Augenblick inne, um sich das Ganze vor Augen zu halten. Erkennen Sie, wie jedes Haus des Bagua durch die physische und die feinstoffliche Welt mit mindestens ei-

nem anderen Haus verbunden ist. Ebenso ist alles, was sich zu Hause und am Arbeitsplatz ereignet, durch die Struktur dieser mächtigen symbolischen Assoziationen miteinander verknüpft. Ob man sich dessen bewußt ist, hängt nur von der Perspektive und der Deutung ab, die man in jeder Umgebung vornimmt. Aus der Sicht des Feng Shui, die durch die Integrität des Bagua und Flußdiagramms des *I-ching* so klar bestätigt wird, ist das Leben keine beliebige Ansammlung von Teilen, sondern ein einheitliches Ganzes, das nach einem Gesetz der unsichtbaren Welt der Energie regiert wird.

6 Eine neue Sichtweise

> Wir sehen sehr weitgehend mit dem Geist und nur zum Teil mit den Augen. Das Phänomen des Sehens beruht auf einer Interpretation der an der Netzhaut entstehenden Eindrücke durch den Geist. Was wir sehen, ist nicht dieser Eindruck, sondern unsere Interpretation dieses Eindrucks.
>
> Dr. William Bates:
> Die Bates-Methode

Man kann den menschlichen Körper mit einem gewaltigen Kraftwerk vergleichen. Unser hochentwickeltes und einzigartiges Nervensystem ist der beste vorstellbare Computer: zuverlässige Festplatte, blitzschneller Arbeitsspeicher und sofortige Bilderkennung. Unsere perfekt aufeinander eingespielten Sinne zeichnen Daten auf und verarbeiten sie so schnell, daß wir praktisch ohne Verzögerung Eindrücke von unserer Umgebung wahrnehmen.
Das aktivste unserer Sinnesorgane ist das Auge. Das Nervensystem setzt Milliarden von Rezeptoren zur Informationsverarbeitung ein; hiervon entfallen fast zwei Drittel auf den Gesichtssinn. Wenn man sich nach dem richtigen Haus, einer neuen Katze oder einem speziellen Menschen in seinem Leben »umsieht«, sagt ein Bild tatsächlich mehr als tausend Worte. Und sehr oft ist auch der erste Eindruck der beste.
Am einfachsten ändert man sein Leben manchmal dadurch, daß man seine Lebens- und Arbeitsumgebung ändert. Wie es nicht einfach ist, sich selbst so zu sehen, wie man wirklich ist, so kann man auch nicht wissen, wie das eigene Haus oder Büro auf andere wirkt. Es ist daher bei der Bewertung der eigenen

Umgebung hilfreich, die objektive Meinung anderer zu hören; kopieren Sie das »Arbeitsblatt zu Kapitel 6« im Anhang, und bitten Sie verschiedene Menschen, es auszufüllen. Vergleichen Sie, was anderen Ihrer Meinung nach auffallen sollte, mit demjenigen, was diese in Wirklichkeit sehen und erfahren. Manches, was dem einen verborgen bleibt, ist für den anderen ganz offensichtlich – vergleichbar den Eichhörnchen und Eulen eines Suchpuzzles, die manche sofort erkennen, während andere sie vergeblich suchen.

Erste Eindrücke

Ein schönes Gemälde oder eine Vase mit frischen Blumen in Ihrer Eingangsdiele kann gegenüber dem abgetretenen, eventuell sogar fleckigen Teppich, an den Sie sich im Laufe der Jahre gewöhnt haben, völlig in den Hintergrund treten. Es könnte also sein, daß dieser Teppich der erste Eindruck Ihrer Gäste ist. Der bequeme Sessel, den Sie für Besucher vor Ihrem Schreibtisch bereitgestellt haben, bleibt vielleicht gegenüber der kalten, abstrakten Marmorskulptur in der Ecke hinter Ihnen unbeachtet, die den Menschen, die Ihr Büro betreten, sofort ins Auge springt. Sie möchten, daß der Raum auf Ihre Kunden behaglich, offen und vertrauenerweckend wirkt, aber es entsteht genau der gegenteilige Eindruck. Die starre, wuchtige Aussage des Kunstgegenstands erdrückt die einladenderen Aspekte des Möbelstücks, weshalb die Besucher alles, was sich in diesem Raum ereignet, als starr, gefühllos und unpersönlich empfinden.
An einem heißen Sommertag gibt das bloße Geräusch von fließendem Wasser in einem Brunnen oder Wasserfall einen so ausgeprägten Eindruck von Kühle, daß Versuchspersonen die Temperatur in einem Raum mit einem solchen Geräusch-

hintergrund um durchschnittlich drei Grad niedriger einschätzten als im selben Raum ohne diesen Hintergrund.
Auch was wir *riechen*, hat nachhaltige Wirkung auf unser Verhalten. Wie Hunderte von Immobilienmaklern erfahren konnten, bewirkt der Duft von frisch gebackenem Brot oder Plätzchen für den Verkauf eines Hauses fast ebenso viel wie ein neuer Anstrich der Haustür. Frische Lilien oder Geißblattblüten auf dem Zugangsweg zur Haustür bringen jeden zum Lächeln – mit Ausnahme vielleicht von Allergikern. Andererseits kann Knoblauch, der Komposthaufen oder das Haustier der Familie für Sie heimelig riechen, während die meisten anderen Menschen bloß nach frischer Luft schnappen.
Am wichtigsten ist aber dennoch, was man *sieht*. Patienten verließen ein Krankenhaus schneller, wenn sie in ihrem Zimmer Tag für Tag das Bild einer schönen Landschaft oder einer Gruppe spielender Kinder gesehen hatten; sie mußten länger in der Klinik bleiben, wenn sie ein verschwommenes Bild eines Baums oder nur unpersönliche medizinische Geräte vor sich hatten; und am längsten blieben diejenigen, die täglich ein abstraktes Gemälde zu sehen bekamen.
All dies legt den Schluß nahe, daß die durch optische, akustische oder Geruchseindrücke in unserem Bewußtsein entstehenden Bilder unsere Erfahrung einer Umgebung und auch unser Verhalten in ihr nachhaltig bestimmen. Wir erzeugen diese Eindrücke in der ersten Phase unserer Erfahrung einer Umgebung, und diese bleiben fast unauslöschlich mit ihr verbunden, auch wenn Änderungen eintreten und wir neue Informationen verarbeiten. Der erste Eindruck macht über fünfzig Prozent der Gesamterfahrung eines Orts aus.
Die Übung auf dem »Arbeitsblatt zu Kapitel 6« im Anhang kann in zweierlei Weise benutzt werden. Führen Sie den Test zunächst allein durch, und stellen Sie sich vor, daß Sie sich

selbst zum ersten Mal besuchen. Denken Sie nicht weiter nach – versuchen Sie einfach, Ihre Reaktionen zu erspüren.

Geben Sie dann vier oder fünf Freunden oder Verwandten Kopien des Arbeitsblatts, ohne ihnen zunächst etwas dazu zu sagen. Drücken Sie es ihnen einfach in die Hand, wenn sie einmal zu Besuch sind, und bitten Sie sie, sich einige Minuten damit zu beschäftigen, um Ihnen einen Gefallen zu erweisen. Es gibt kein »Richtig« oder »Falsch«; sie können keine Fehler machen, wiewohl manche Freunde vielleicht versuchen, »sicherere« Antworten zu geben als andere. Ermuntern Sie sie, bei ihren Antworten ganz ehrlich zu sein. Vergleichen Sie dann die Aussagen Ihrer Freunde oder Verwandten mit Ihrer eigenen Erfahrung.

Ihre Nachbarschaft

In manchen Gesellschaften oder orthodoxen religiösen Kulturen wird bewußt versucht, die Schönheit und das Ambiente im Inneren des Hauses zu verbergen, indem man das Äußere heruntergekommen, ärmlich und abweisend aussehen läßt. Damit will man dem Neid der Nachbarn und der Neugierde von Einbrechern vorbeugen.

In den meisten Gesellschaften spiegelt jedoch das Äußere das Innere sehr genau wider. Wenn auf der Zufahrt und im Garten Kinderspielzeug herumliegt, dann wird es im Inneren des Hauses wahrscheinlich nicht anders sein. Ein akkurat gepflegter Rasen und Garten hat vermutlich seine Entsprechung in einer stets aufgeräumten Küche. Wenn Sie also in eine bestimmte Gegend ziehen wollen, sollten Sie sich zunächst die umliegenden Häuser genau ansehen, denn hier gibt es mehr zu entdecken, als Sie vielleicht auf den ersten Blick glauben. Gesunde Menschen und gesunde Familien achten in aller Regel darauf, wie ihre Gemeinschaft nach außen wirkt, und sie werden bestrebt sein, ihre Häuser und Wohnungen in Ordnung zu halten. Nehmen Sie sich an Ihrem nächsten freien Tag einmal Zeit dafür, Ihre Nachbarschaft unter die Lupe zu nehmen und zu erkunden, wer den Wert Ihres Anwesens steigert oder vermindert. Wenn Sie vorhaben, in eine andere Gegend zu ziehen, sollten Sie einige Male um den Block schlendern und hinter einige der benachbarten Häuser blicken. Gehen Sie in die umliegenden Geschäfte – kaufen Sie eine Zeitung oder einen Laib Brot im Supermarkt an der Ecke, und schauen Sie in den Videoladen dieses Viertels. Dies könnten Ihre Stammgeschäfte sein, und mit diesen Menschen könnten Sie tagtäglich Kontakt haben. Wie »fühlt« sich diese Nachbarschaft an? Welchen Eindruck haben Sie von den anderen Kunden? Dieser kurze Ausflug verrät Ihnen sicher mehr über die Energie dieser Gegend als die Broschüre der Interessengemeinschaft der Gewerbetreibenden – es ist *Ihr* eigener Eindruck.

Zu Hause ankommen

Nach den modernen baurechtlichen Vorschriften müssen Eingangstüren von der Breite und Höhe her geeignet sein, daß auch Kranke auf einer Bahre in Notfällen hindurchpassen. Deshalb ist die vordere Eingangstür in der Regel die breiteste des Hauses. Wenn Sie nicht gerade ausgeprägt einzelgängerische Tendenzen haben, sollte sie so weit wie möglich sein, um »die Welt einzuladen«. Der Eingang öffnet sich idealerweise auf einen freien Weg hin – ohne störende Straßen oder Gebäude in unmittelbarer Nähe. Von der Eingangstür aus sollen möglichst keine elektrischen Leitungen sichtbar sein. Der Treppenabsatz muß fest und stabil sein. Die

Tür selbst ist am besten leicht erhöht. Wenn viele Stufen vorhanden sind, sollten diese unten breiter und oben schmaler sein.

Die Beschläge und der Türrahmen sind in Ordnung; die Tür klemmt bei heißem oder feuchtem Wetter nicht, und die Angeln machen kein Geräusch. In Häusern mit klemmenden Türen wohnen frustrierte Menschen. Wenn die Eingangssteine wackeln und die Türen knarren, müssen auch die Bewohner nervös und unsicher sein.

Wenn das Türschild, die Klingelanlage oder der Türgriff aus einem Metall wie Messing sind, das sich polieren läßt, sollten sie stets gut gepflegt werden. Türen mit rostigen Beschlägen führen meist in Häuser, in denen auch die Bewohner vom Zahn der Zeit angegriffen sind. Sorgen Sie dafür, daß der Eingang abends gut beleuchtet ist und die Beleuchtungskörper sauber und frei von Spinnweben, toten Insekten und dürrem Laub sind. Wählen Sie für die Diele eine etwas dunklere Farbe als für das übrige Haus; andererseits sollte die Diele aber gut beleuchtet sein, denn dunkle Eingänge und verschmutzte Beleuchtungskörper erzeugen beim Eintretenden Verunsicherung und Anspannung.

Wenn Sie einen gemeinsamen Eingang haben, sollten Sie sich mit den Mitbewohnern verständigen, daß dieser Teil des Hauses einen möglichst guten Eindruck macht. So können zum Beispiel auch preiswerte Türvorleger aus kräftigen Fasern in einer einfachen Weise dafür sorgen, daß möglichst wenig Schmutz in das Gebäude getragen wird – auch wenn sie regelmäßig gesäubert und ersetzt werden müssen.

Pflanzenkübel und Blumenkästen vor der Eingangstür sind oft eine optische Bereicherung; dagegen wirkt hier nichts so häßlich wie eine abgestorbene Pflanze oder ein großer Kübel voll welken Laubs und Zigarettenstummeln. Wenn Sie Pflanzen vor die Tür stellen, sollen sie frisch und gesund aussehen.

Sofern ein Zugangsweg zur Tür führt, hält man ihn am besten von jahreszeitlichen Verunreinigungen wie Schnee, abgestorbenem Laub und Rasenschnitt frei. Dornige Büsche und Sträucher wie Rosen und Weißdorn muß man weit genug vom Weg pflanzen und zurückschneiden, so daß Vorbeigehende nicht behindert werden. Wenn man an einen dornigen Busch streift, und sei es nur im Geiste, zuckt man zurück und nimmt unwillkürlich eine Abwehrhaltung ein. Wollen Sie schmale Wege umgrenzen, wählen Sie Pflanzen mit glatten Blättern wie zum Beispiel Efeu beziehungsweise andere Bodendecker oder aber kleine Blumen.

Bäume in gerader Linie vor einer Eingangstür sollten mindestens sechs bis sieben Meter vom Haus entfernt sein. Sehr kleine Bäume dürfen etwas näher stehen, große müssen noch weiter entfernt gepflanzt werden, damit der Energiestrom in das Haus nicht behindert wird. Ein Baum, der von der Straße her den Blick zur Eingangstür versperrt, verwehrt uns auch den Blick von der Eingangstür zur Straße. Eine solche Anordnung erzeugt bei den Bewohnern einen Überschuß an Erdenergie, der krankmachend sein kann. Immergrüne Pflanzen in der Nähe des Eingangs dagegen fördern die Gesundheit und das Wohlbefinden der Bewohner, wenn sie den Eingang nicht blockieren. Abgestorbene Bäume oder durch Krankheiten und Witterungseinflüsse beschädigte Bäume sind zu entfernen.

Zäune oder Mauern um das Haus sollten nicht zu dicht am Baukörper stehen. Wenn zuwenig Raum zwischen dem Haus und einer Einfriedung ist, kann hierdurch leicht die Empfindung des Eingesperrtsein entstehen.

Tiere und andere Geschöpfe – wirkliche und eingebildete

Die Energie einer Wohngegend läßt sich auch anhand der dort lebenden Tiere gut beurteilen. Wenn auf dem Vogelhäuschen Ihres Nachbarn nur Krähen sitzen oder sich im Viertel streunende Hunde herumtreiben, dann ist dies vielleicht keine gesunde Gegend. Prüfen Sie genau, welche Tiere es hier gibt: Insekten (Schmetterlinge oder Stechmücken), Haustiere und sonstige Tiere um Ihr Haus. Es dürfte kaum Diskussionen darüber geben, was wünschenswerter ist – Hummeln in Ihrem Garten oder Ratten in Ihren Abfällen. Vielleicht haben Sie kaum Auswahl, aber Sie können sich zumindest bewußtmachen, was vorhanden ist, und später Änderungen vornehmen, um mit Hilfe von Feng Shui im Bereich um Ihr Haus die Energie in Ihrem Leben zu verbessern.

Ihre innere Stimme

Wenn Sie schließlich den ersten Eindruck ändern wollen, den Ihr Haus macht, sollten Sie dies anhand Ihrer inneren Stimme tun – gehen Sie nicht nach dem, was Ihr Verstand sagt, sondern danach, was Ihr Gefühl Ihnen rät. Niemand zwingt Sie zu einer breiten Tür. Man muß sich lediglich klarmachen, welchen Eindruck eine schmale Tür erzeugen kann – und vielleicht möchten Sie sogar genau dies.
Wenn Sie an der äußeren Umgebung, wie sie jetzt besteht, kaum etwas ändern können, dann akzeptieren Sie dies einfach. Füllen Sie trotzdem das »Arbeitsblatt zu Kapitel 6« im Anhang aus, und fahren Sie fort. Wenn man Feng Shui wirklich beherrschen will, muß man vor allen Dingen lernen, das *Gesamtbild* zu betrachten.

7 Der Blick von außen nach innen

> Wo das Teleskop endet, beginnt das Mikroskop. Welches von beiden sieht mehr?
>
> VICTOR HUGO, 1862

Nachdem Sie die Arbeitsblätter zu den vorangegangenen Kapiteln im Anhang ausgefüllt haben, ist es jetzt Zeit, den Blick darauf zu richten, wie Sie Ihr Haus als Ausdruck Ihres Selbst sehen können und wie sich Ihr Leben in Ihren Wohn- und Arbeitsräumen offenbart.

Ausrichtung des Bagua

Das Bagua in der »nach-himmlischen Reihenfolge« des *I-ching* ist ein Raster, mit dessen Hilfe man alle Bereiche am Horizont benennen und zueinander in Beziehung setzen kann. Beim eigenen Grundstück, beginnend mit dem Punkt, wo man es betritt, kann man das Bagua auf das Haus, jedes einzelne Stockwerk und Zimmer, jeden Schreibtisch, jede horizontale Fläche und sogar auf das eigene Gesicht sowie die Handflächen anwenden, um in dieser Weise Klarheit über sein Leben und Schicksal zu erlangen.
Das Verfahren zur Ausrichtung des Bagua beim intuitiven Feng Shui heißt »Drei-Pforten-Ch'i« (oder »Türmethode«) und ist vom magischen Quadrat des *I-ching* abgeleitet. Um dieses Verfahren richtig anwenden zu können, muß vor allen Dingen Klarheit darüber bestehen, welche Tür als Eingang gelten soll. Die Eingangstür ist der Haupteinlaß, die »Pfor-

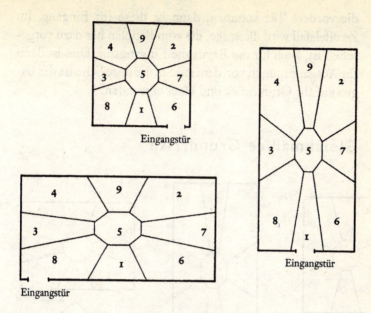

Formbare Baguas

te«, durch die Energie in Ihr Haus gelangt. Dies ist die Tür, die Sie selbst und Ihre Besucher in aller Regel benutzen. Wenn es in Ihrem Fall die rückwärtige ist und die vordere seit Jahren nicht mehr benutzt wurde, dann ist die rückwärtige als Eingangstür zu betrachten.

Diese Unterscheidung muß sorgfältig beachtet werden. Sie dürfen nicht die vordere Haustür heranziehen, um das Bagua richtig auszurichten, wenn sie nicht mehr in Gebrauch ist. Sie muß beispielsweise unberücksichtigt bleiben, wenn sie von Kartons oder Möbeln versperrt oder von außen unzugänglich ist. Eine solche praktisch unbenutzte Tür kann nicht die »Pforte des Ch'i« sein. Wenn dagegen die vordere Eingangstür kaum benutzt wird, weil Sie lieber durch die Küche oder von der Garage aus in Ihr Haus gehen, Besucher aber durch die vordere Tür kommen, dann ist diese Ihr Eingang. Im Zweifelsfall wird diejenige, die vom Bauplan her dazu vorgesehen ist, auch für das Bagua die Eingangstür. Dies ist dann Ihr Ausgangspunkt, von dem aus Sie das feste Schema des Bagua auf Ihr Grundstück und Haus anwenden.

Gleichmäßige Grundrisse

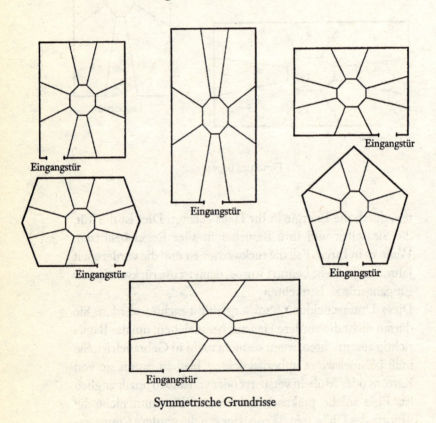

Symmetrische Grundrisse

Wenn das Haus einen regelmäßigen Grundriß hat, ist das Bagua formbar, das heißt, es läßt sich strecken und stauchen, *sofern die Proportionen gewahrt bleiben*. Die Zeichnungen verdeutlichen, wie sich das Bagua auf ein schmales, zum Beispiel ein Reihenhaus, auf ein langes, breites Bauernhaus oder ein einfaches quadratisches rechteckiges und auf die allermeisten Appartements und Wohnungen anwenden läßt.
Die einzige Regel beim Verfahren des »Drei-Pforten-Ch'i« lautet, daß die Eingangstür auf dem Blatt unten liegen muß. Damit liegt sie bei einem symmetrischen Haus immer in Feld acht, eins oder sechs. In der Abbildung »Symmetrische Grundrisse« finden Sie weitere mögliche Beispiele.

Ungleichmäßige Grundrisse

Bei asymmetrischen Grundrissen kann das Bagua dennoch angewandt werden, auch wenn die Tür dann in ein anderes Feld kommt. Das Bagua wird dabei wiederum so auf den Grundriß gelegt, daß die Eingangstür auf der Seite unten liegt. Die Beispiele in der Abbildung »Häuser mit ungleichmäßigen Grundrissen« zeigen, wie solche Formen ausgerichtet werden können.
Jeder Zugang, den man durchschreitet, erzeugt ein weiteres Bagua. Das Grundstück hat eine Auffahrt, weshalb es hierfür ein Bagua gibt; das Haus auf dem Grundstück hat eine Eingangstür, weshalb ein Bagua für das Haus existiert; das Arbeitszimmer hat eine Eingangstür, wofür es wiederum ein eigenes Bagua gibt; und Ihr Schreibtisch im Arbeitszimmer weist einen »Zugang« auf (wo Sie den Stuhl heranrücken), weshalb hier ebenso ein Bagua vorhanden ist. Auch wenn jeder Zugang auf eine andere Ebene führt, so haben doch jeder Eingang und jeder Bereich ihren Platz in einem richtig ange-

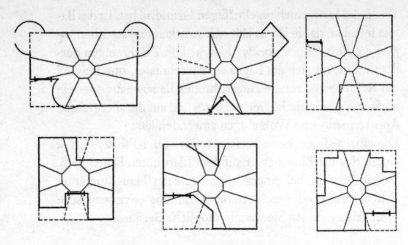

Häuser mit ungleichmäßigen Grundrissen

ordneten Bagua. Dies ist von Bedeutung, weil jedes Feld des Bagua einen wichtigen Teil des eigenen Lebens symbolisiert.

Die Abbildung auf Seite 89 zeigt folgendes:
Vom Bagua des Grundstücks her gesehen, liegt das Haus im Bereich der Segnungen. Vom Bagua des Hauses her gesehen, liegt das Zimmer ebenfalls im Bereich der Segnungen. Vom Bagua des Zimmers her gesehen, liegt der Schreibtisch (in der Abb. mit einem x gekennzeichnet) wiederum im Bereich der Segnungen. Damit ist der Schreibtisch für Segnungen bzw. Geldangelegenheiten ideal plaziert; denn er befindet sich an einem Platz dreifacher Auflagung durch die Überlagerung der drei Baguas. Diesem Bereich geben klassische Texte das Attribut »Reichtum«. Durch das Wissen um eine solche energiegeladene Zone und deren Nutzung kann die Ausübung des intuitiven Feng Shui durchaus etwas Magisches bekommen.

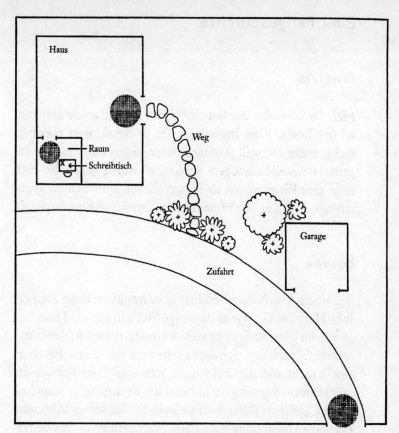

Vom Grundstück übers Haus zum Schreibtisch

Eine Fallgeschichte

Problem

Herr Dr. G. verlor seit fast einem Jahr ständig große Summen an der Börse. Eine Immobilie, die er besaß, warf ebenfalls nichts mehr ab, weil ständig Mieter wegen einer nahe gelegenen Baustelle auszogen. Schließlich wurde gegen ihn auch noch eine Klage wegen eines angeblichen Kunstfehlers angestrengt, so daß er einer finanziellen Katastrophe ins Auge sah.

Lösung

Bei einem Wochenendseminar über intuitives Feng Shui erfuhr Herr Dr. G., wie er diejenige Stelle in seinem Haus und in seinem Büro ausfindig machen konnte, die am stärksten mit seinen finanziellen Schwierigkeiten zu tun hatte. Es überrascht nicht, daß sich auf seinem Schreibtisch im Bereich der glückhaften Segnungen unbezahlte Rechnungen stapelten und im gleichen Bereich an anderen Stellen seiner Wohnung ebenfalls Unordnung herrschte. Nachdem er in den betreffenden Bereichen für Ordnung gesorgt hatte, plazierte er dort bestimmte Objekte, um die Energie zu verändern.

Ergebnis

Fünf Tage nach Durchführung der Lösung wurde die Klage zurückgezogen. Zwei Tage danach kamen die Besitzer des Grundstücks neben seinem Haus, aus dem die Mieter auszogen, auf ihn zu und boten ihm sehr viel Geld für die Liegenschaft, um ein bestimmtes Vorhaben durchführen zu können. Schließlich wurde eine Firma, von der er gerade ein großes Aktienpaket erworben hatte, überraschend von einer größeren Gesellschaft übernommen, wodurch für die Investoren riesige Profite abfielen.

8 Feng Shui im Haus

> Nirgendwo ist es wie zu Hause, nirgendwo ist es wie zu Hause, nirgendwo ist es wie zu Hause, nirgendwo ist es wie zu Hause ...
>
> DOROTHY IN: DER ZAUBERER VON OOS

Das Bagua im Haus

Das wichtigste Bagua ist dasjenige für den Bereich, in dem Sie die meiste Zeit zubringen. Dies ist im allgemeinen Ihre Wohnung, insbesondere das Schlaf- oder das Arbeitszimmer. Wenn Sie täglich nur fünf Stunden schlafen und zehn Stunden arbeiten, dann können Sie sich anhand dieses Kapitels darüber informieren, wie Sie Ihren Arbeitsplatz ändern können; lesen Sie weiterhin das vierzehnte Kapitel. Je mehr Klarheit Sie darüber gewinnen, wie Sie das Bagua an jedem einzelnen Ort anwenden können, desto mehr Kontrolle bekommen Sie über Ihr ganzes Leben.

Wenn Sie einen Mitbewohner haben, liegt das Bagua dort, wo Ihre Eingangstür beginnt, und umfaßt nicht den gemeinsamen Korridor. Falls Sie in einem Appartement im ersten oder im obersten Stockwerk eines Hauses wohnen, in dem andere in den unteren oder oberen Etagen leben, beginnt das Bagua dort, wo die oberste Stufe auf Ihre »Ebene« führt, und hier ist Ihre Eingangstür.

Für die Festlegung, wo das Bagua für jedes Zimmer in Ihrer Wohnung beginnt, muß kein wirklicher Eingang vorhanden sein. Manche offenen Grundrisse für Bürobereiche oder Eß- und Wohnbereiche in Wohnungen sind nur durch einen Pflanzenkasten oder ein Regal abgetrennt, so daß eine Öff-

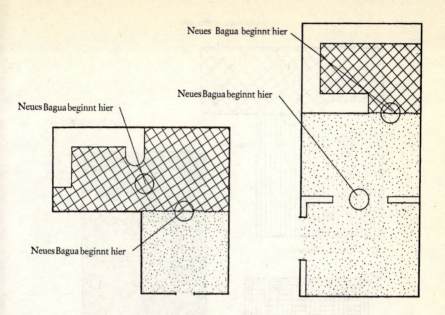

Küche, Eßzimmer, Wohnzimmer

nung für den Durchgang frei bleibt. Manchmal sind die Räume auch nur durch einen anderen Bodenbelag abgetrennt: Die Küche ist gefliest oder hat einen Holzboden, während im Eßbereich ein Teppichboden liegt. Dadurch entsteht ebenfalls eine Abgrenzung, die für die Ausrichtung des neuen Baguas in jedem Bereich zur »Eingangstür« wird.

Für jedes Stockwerk gilt ein eigenes Bagua, wobei man die Bagua zwischen den Stockwerken nicht zu verbinden braucht. Das Bagua für eine neue Etage beginnt dort, wo die oberste Treppenstufe in die Stockwerkebene übergeht. Jeder Raum auf jeder Etage fällt in einen der Bereiche des Bagua, und jeder Raum hat zusätzlich sein eigenes Bagua.

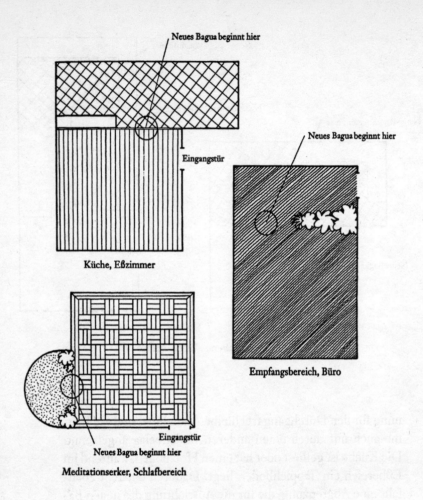

Etwas zuwenig

> Dreißig Speichen umgeben eine Nabe:
> In ihrem Nichts besteht des Wagens Werk.
> Man höhlet Ton und bildet ihn zu Töpfen:
> In ihrem Nichts besteht der Töpfe Werk.
> Man gräbt Türen und Fenster, damit die
>   Kammer werde:
> In ihrem Nichts besteht der Kammer Werk.
> Darum: Was ist, dient zum Besitz.
> Was nicht ist, dient zum Werk.
>
> LAO-TZU: TAO-TE KING

Wenn Sie die Bagua-Schablone auf einen Grundriß legen, um die zahlreichen möglichen Zuordnungen ausfindig zu machen, dann wird in vielen Fällen ein Lebensbereich im Bagua fehlen, weil Häuser und Zimmer nicht immer genau rechteckig sind. So ist zum Beispiel auf den Grundrissen in der nächsten Abbildung jeweils eines der neun »Häuser« ganz oder teilweise ausgespart. Den fehlenden Bereich bezeichnet man als »negativen« Raum. Mit »negativ« ist hier nichts Schlechtes oder Unerwünschtes gemeint; damit wird lediglich der fehlende Raum bezeichnet, der durch eine von der restlichen Struktur erzeugten unsichtbaren Grenze definiert wird.

Das Energie- oder Schwingungsfeld einer jeden Struktur bleibt symmetrisch, auch wenn sich uns die sichtbare, materielle Welt asymmetrisch darstellt. Jeder Bereich im negativen Raum wird durch dasjenige definiert, was dort vorhanden ist. Glücklicherweise haben die meisten Menschen in ihrem Grundriß irgendwo negativen Raum. Das Leben wäre sehr langweilig, wenn alles in vollkommener Harmonie wäre, wie schon König Wen und der Herzog von Chou vor über drei-

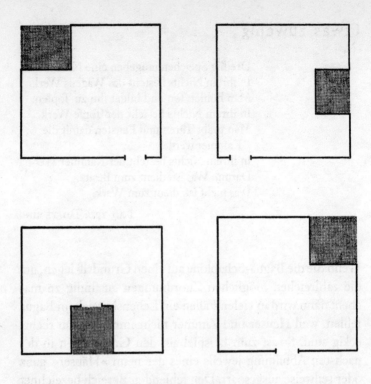

Grundrisse mit »negativem« Raum

tausend Jahren feststellten. Negativer Raum ist immer Raum für *Möglichkeiten*.

Beim intuitiven Feng Shui sind die Möglichkeiten grenzenlos; betrachten Sie es also nicht als Problem, wenn Sie feststellen, daß in Ihrer Wohnung oder in Ihrem Büro mehr als ein Haus des Bagua fehlt. Die meisten Ungleichgewichte, die Sie entdecken, beinhalten die Chance zu positiven Veränderungen an Ihrer Umwelt und in Ihrem Leben.

Etwas zusätzlich

Im Gegensatz zum negativen Raum gibt es viele Grundrisse, bei denen eine Erweiterung des Raums einen Erker oder eine Sitzecke schafft, die aus dem Ganzen herausragt. Einen solchen Bereich nennt man eine »Projektion«. In einem asymmetrischen Grundriß können Projektionen und negative Räume vorhanden sein, die aber idealerweise niemals nebeneinander liegen sollten.

Wenn ein Raumbereich aus dem symmetrischen Ganzen hervorragt und mehr als fünfzig Prozent der Breite der Grund-

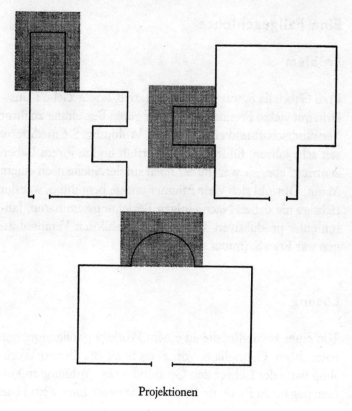

Projektionen

linie einnimmt, entsteht ein negativer Raum, der nicht mehr als Projektion gilt; wenn dieser Anteil weniger als fünfzig Prozent beträgt, entsteht kein negativer Raum, sondern eine Projektion. Die Grundrisse in der Skizze zeigen einige häufig auftretende Beispiele von Projektionen.

Eine Fallgeschichte

Problem

Frau Gabriella S. war eine sehr kreative, erfolgreiche Künstlerin mit vielen Freundinnen, einer guten Beziehung zu ihrer Verwandtschaft und einer schönen Wohnung. Sie meditierte seit acht Jahren, fühlte sich sehr erfüllt und in ihrem Leben zentriert, aber sie war immer noch auf der Suche nach einem Mann. Obwohl sich viele Männer um sie bemühten, war der richtige nie dabei. Nach einigen Beziehungsseminaren, Jahren einer produktiven Therapie und zahllosen Verabredungen war Frau S. immer noch allein.

Lösung

Von einer Freundin, die an einem Workshop teilgenommen hatte, hörte Gabriella S. von Feng Shui. Bei diesem Workshop hatte der Lehrer den Grundriß einer Wohnung mit einem negativen Raum im Bereich Erde gezeichnet, dem Haus der Beziehungen – und dies war genau der Grundriß von Gabriellas Wohnung! Ihre Freundin sagte ihr, welche Veränderungen sie zur Behebung des Problems vornehmen müßte; unter anderem sollte sie an der Wand, an der die »Erde-Ecke« fehlte, einen Spiegel anbringen. Gabriella tat dies.

Ergebnis

Eine Woche später begegnete Gabriella in einer Kunstgalerie, in der ihre Arbeiten ausgestellt wurden, einem Mann, der sie zum Essen einlud. In den darauffolgenden Monaten sahen sie sich immer öfter, und ein halbes Jahr später machte er ihr einen Heiratsantrag. Jetzt ist sie glückliche Frau N.

Feste Plazierungen

Manche Plazierungen sind so schwierig zu beheben, auch mit Feng Shui, daß man sie möglichst vermeiden sollte. Ein offensichtliches Beispiel für eine schlechte Planung wäre eine Toilette, deren Tür direkt in eine Küche führt, weil hierdurch zwei ganz unterschiedliche Energien miteinander vermischt werden. Weitere zu vermeidende feste Plazierungen für Toiletten sind der Bereich des Windes (wo glückhafte Segnungen weggespült werden), genau gegenüber der Eingangstür (so daß für Bewohner und Besucher die Toilette der erste Eindruck ist) und in der Mitte des Hauses (wo die Energie von Wasser und Abwasser bei den Bewohnern Krankheit und geistige Instabilität hervorrufen kann).
Eine weitere schwierige Situation ist eine solche Anordnung von Räumen und Gängen, daß Türen aneinanderschlagen oder den freien Durchgang behindern. Wenn Türen auf ei-

nen Gang öffnen und zum Beispiel gegen Schranktüren schlagen, dann kann dies dazu führen, daß die Bewohner streiten (ihre Meinungen »prallen aufeinander«) und daß das Haus »laut« ist (schlagende Türen). Dies sind Beispiele für feste Plazierungen, deren Beseitigung teuer oder auch undurchführbar ist, wiewohl später in diesem Buch noch einige Verfahren angegeben werden, wie man die Folgen eines chronischen Problems mildern kann.

Bewegliche Plazierungen

Bei der Aufstellung des Betts, des Schreibtischs oder des Herds hat man meist freie Hand. Solche beweglichen Plazierungen können verändert werden, wobei einige grundlegende Prinzipien gelten.
Macht und Sicherheit entstehen dadurch, daß man freien Blick behält. Stellen Sie Möbel in Räumen, in denen Sie sitzen oder schlafen, so auf, daß Sie möglichst viel vom Zimmer und Eingang sehen können. Das alte Symbol des Drachens sollte immer hinter dem Betrachter liegen, das heißt so angeordnet sein, daß man Sicherheit und Unterstützung empfängt. Positionieren Sie sich nicht in einer Weise, die Ihre »blinde« Seite, das heißt Ihren Rücken, exponiert läßt.
Der Eingang ist die Pforte oder Mündung der Energie in den Raum. Stellen Sie ein Bett oder einen Schreibtisch nicht unmittelbar gegenüber der Tür auf, sondern besser nach einer Seite verschoben, um einen besseren Überblick über den ganzen Raum zu haben. »Hinter« Ihnen sollte möglichst wenig Raum sein. Vor sich können Sie an einem Eingang eine Schutzgestalt plazieren. Solche Symbole gibt es in vielen Kulturen, zum Beispiel Löwen oder Hunde, die einen Eingang flankieren, oder religiöse Gegenstände an der Wand neben

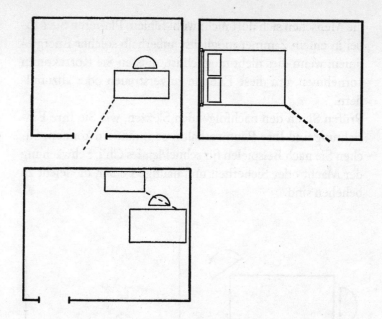

der Tür. Diese sollen eine Schutzfunktion haben und das Haus zu höheren Energien »erheben«.

Meiden Sie unsichtbare Energielinien, die von den rechten Ecken von Möbeln in Winkel von 45 Grad ausstrahlen. Diese Linien, die als »schneidendes Ch'i« bezeichnet werden, bündeln Energie und verursachen unterschwelliges Unbehagen und Hemmnisse. Manchmal läßt sich schneidendes Ch'i schon durch geringfügige Änderung der Anordnung vermeiden; in manchen Fällen kann es notwendig sein, Pflanzen oder weiche Stoffe vor der Ecke zu plazieren.

Schneidendes Ch'i ist eine messerartige Energie, die von den meisten 90-Grad-Winkeln ausstrahlt. In modernen Gebäuden werden Sie sehr viele solcher Winkel vorfinden. Wenn sie schneidendes Ch'i erzeugen, auf das man vor allen Dingen achten sollte, senden sie ein Schwingungsfeld im Winkel von 45 Grad in einen Stuhl, ein Bett oder einen Eßtisch, so daß die Menschen sich dort nicht wohl fühlen. Plazieren Sie Möbel in einem Zimmer möglichst außerhalb solcher Energielinien; wenn dies nicht möglich ist, müssen Sie Korrekturen vornehmen, um diese Energie zu zerstreuen oder abzumildern.

Prüfen Sie in den nachfolgenden Skizzen, wie Sie Ihre Einrichtung und Ihre Raumverhältnisse verändern können. Suchen Sie nach Beispielen für schneidendes Ch'i, Schwächung der Macht oder Sicherheit und häufige Fehler, die leicht zu beheben sind.

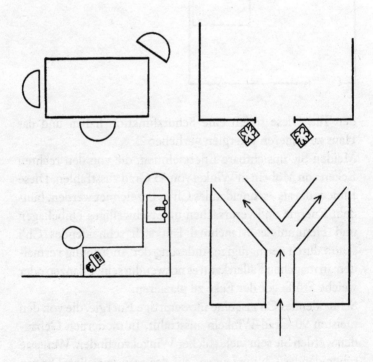

Küchen und Herde

Die richtige Plazierung des Herds in der Küche galt immer als einer der wichtigsten Aspekte von gutem Feng Shui. Die Küche, in der Speisen zubereitet und die Lebensbedürfnisse befriedigt werden, ist die symbolische Quelle von Reichtum und Wohlbefinden im Heim.

Ein Herd darf in einer Insel oder einer freistehenden Arbeitsfläche untergebracht sein, sofern diese nicht unmittelbar gegenüber dem Spülbecken liegt. Wasser und Feuer müssen ausgeglichen werden und voneinander getrennt sein, dürfen aber einander auch nicht genau gegenüber liegen. Wenn sich der Herd in einer Ecke befindet oder von zwei Wänden unterstützt wird und einen freien (oder zumindest teilweisen) Blick auf die Tür erlaubt, hat die Köchin oder der Koch das Gefühl, den Raum besser unter Kontrolle zu haben, und er/sie fühlt sich sicher und geschützt. Eine solche Plazierung ist auch ein Symbol für die Vermehrung des Wohlstandes der Bewohner. Herde sollten nicht unter Fenstern oder Oberlichtern stehen. Die Energie der Speisezubereitung würde in diesem Fall das Haus verlassen, statt von seinen Bewohnern aufgenommen zu werden.

Die Plazierung von Herden neben Spülbecken oder Kühlschränken (Feuer und Wasser, heiß und kalt) erzeugt Konflikte und Gefahren. Um eine solche Anordnung zu heilen, wie sie in vielen Wohnungen häufig ist, stellt man eine kleine Pflanze auf die Arbeitsplatte oder hängt sie in den dazwischen liegenden Raum, wodurch der Energiefluß von Wasser über Holz zu Feuer auf dem natürlichen, in der Lehre von den »Fünf Wandlungsphasen«* beschriebenen Zyklus erleichtert

---

* Die »Fünf Wandlungsphasen« (Wu-hsing) regeln nach taoistischer Auffassung den Ablauf der Naturerscheinungen. Die »Fünf Elemente« →

wird. Ein Bild von Pflanzen oder Holz sorgt ebenfalls für mehr Harmonie.

Die Küche muß als der wichtigste Raum des Hauses betrachtet werden. Hier sorgen wir durch die tägliche Speisenzubereitung für die Erhaltung unseres Lebens. Der Küchengrundriß sollte daher möglichst einfach und ausgewogen sein. Die Decke darf weder zu hoch noch zu niedrig hängen. Die Küche ist im Idealfall ein behaglicher Raum, in dem jeder durch die Zubereitung von Speisen Harmonie, Gleichgewicht und Gesundheit erzeugen kann.

Plazieren Sie den Herd möglichst so, daß er nach Osten oder zum Licht steht (nach Süden auf der nördlichen Halbkugel, nach Norden auf der südlichen Halbkugel). Andere Richtungen sind weniger günstig, aber beschwören nicht notwendigerweise Unheil herauf. Der Essensbereich muß ruhig und aufgeräumt sein und durch Kunstgegenstände, die Farbgebung und die Auswahl sonstiger Objekte eine friedliche Stimmung vermitteln.

Schlafzimmer und Schlafbereiche

Die meisten Menschen verbringen ein Drittel ihres Lebens im Schlaf. Gutes Feng Shui im Schlafzimmer bedeutet gute Ruheenergie. Da dieser Raum vor allen Dingen zum Schlafen und zum Aufbau neuer Energie dient, müssen Farben, Kunstgegenstände und sonstige Objekte eine friedliche Stimmung vermitteln. Fernseher, Stereoanlage und sonstige Unterhaltungsgeräte plaziert man möglichst weit vom Bett entfernt – am besten überhaupt in einem anderen Zimmer. Das Schlaf-

sind nicht als reale Substanzen zu verstehen, sondern als abstrakte Kräfte beziehungsweise Symbole für bestimmte Eigenschaften der Materie (mehr dazu im zwölften Kapitel auf Seite 187 ff.).

zimmer liegt am günstigsten an der rückwärtigen Seite des Hauses (weg von der Eingangstür), wohin man sich am Ende eines langen Tages zurückziehen kann, um Erregung abzubauen und sich zu entspannen.

Die richtige Plazierung des Betts hängt von den verschiedensten Dingen ab. Vor allem sollte es so aufgestellt sein, daß man beim Bettenmachen bequem arbeiten kann. Das Bett darf keine Schranktüren oder den Durchgang zum Umkleidebereich oder Badezimmer versperren. Wie bei der Plazierung eines Schreibtischs ist der günstigste Ort für das Bett schräg gegenüber der Eingangstür in der gegenüberliegenden Ecke (jedoch nicht unbedingt ganz an der Wand), so daß man das Gefühl der Geräumigkeit um das Bett und einen beherrschenden Blick auf den ganzen Raum und alle Eintretenden hat.

Wenn ein Bett unter Dachschrägen plaziert werden muß, sollte man darauf achten, daß die hierdurch entstehende Behinderung der Luftzirkulation auf ein Mindestmaß beschränkt wird. Am besten bringt man einen Baldachin an oder helles Material an der Decke, das die ganze Breite und Länge des Bettes parallel zur Schlafebene überdeckt.

Beistelltische, Kopfteile und in der Nähe stehende Möbel wie Toilettentische, Nachtkästchen oder stumme Diener sollten leicht gerundete Ecken haben und so angeordnet werden, daß kein schneidendes Ch'i entstehen kann. Am Kopfende des Bettes sollte sich möglichst kein Durchgang befinden, ebenso kein großes Fenster unmittelbar über dem Kopfteil; möglich ist jedoch eine kleine Öffnung weiter oben in der Wand hinter dem Bett, durch die Luft und Licht hereinströmen können.

Der letzte Eindruck, den man in den »Traumzustand« mitnimmt, hängt davon ab, was man beim Einschlafen sieht. Daher ist es sehr wichtig, daß Kunstwerke, Möbelstücke und andere Ausstattungselemente, die man vom Bett aus sieht, angenehm und harmonisch sind und eine Empfindung der

Entspannung, der Ruhe und der Ordnung vermitteln. Wenn man statt dessen auf einen mit Papierkram überladenen Schreibtisch oder einen überquellenden Wäschekorb blickt, hat dies negative Folgen für die Schlafstunden.

Wohnzimmer

Das Wohnzimmer ist im allgemeinen eine Spiegelung des Familienlebens. Hier ist der ideale Ort, um seine »Schätze« aus dem Bereich der Kunst, der Kultur und der Geschichte zur Schau zu stellen. Dies sollte ein behaglicher, heller Ort sein, an dem man gerne mit Freunden und Verwandten zusammenkommt. Sitzbereiche im Wohnzimmer sollten für Bewohner und Gäste eine Empfindung der Sicherheit erzeugen. Sofas und Sessel sollten so angeordnet sein, daß sie nach hinten geschützt sind. Diesen Zweck kann eine Wand, ein Bücherregal oder ein Beistelltisch mit Pflanzen erfüllen. Sitzmöbel, die in der Mitte eines Raums zu »schweben« scheinen, statt mit anderen Möbeln eine Gruppe zu bilden, müssen mit seitlichen oder davor befindlichen Tischen stabilisiert werden.

9 Du bist, wie du wohnst

> Euer Haus ist euer größerer Körper.
> Es wächst in der Sonne und schläft in der Stille der Nacht; und es ist nicht ohne Träume. Träumt euer Haus etwa nicht, und verläßt es nicht träumend die Stadt für Hain oder Hügel?
>
> KHALIL GIBRAN: DER PROPHET

> Der Charakter des Menschen ist das Ergebnis seiner Wohnstätte.
>
> AYN RAND: DER EWIGE QUELL

Definition des Hauses mit den Symbolen des Bagua

Jeder Bereich Ihres Hauses und jedes »Haus« des Bagua haben eine andere Energie und symbolische »Ladung«. Wenn Sie die Selbstbewertungsübersicht im ersten Kapitel ausgefüllt haben, sollten Sie bereits ein gewisses »Gefühl« für diese unterschiedlichen Bereiche bekommen haben. Hier soll nun weiter erläutert werden, was die einzelnen Häuser bedeuten und wo Sie diese Energien in Ihrer eigenen Wohnung oder Arbeitsumgebung auffinden können. Wenn Sie die Übungen zur Ausrichtung des Bagua durchgeführt haben, ist es jetzt an der Zeit, die »Landkarte« Ihres Lebens anzufertigen, wie es sich in Ihrer Wohnung oder Ihrem Büro manifestiert. Markieren Sie die Bereiche, in denen Sie mit Hilfe der Heilmittel im zehnten Kapitel eine Steigerung, Veränderung oder Anpassung herbeiführen möchten.

1. Wasser

Der Bereich des Wassers ist der Anfang und heißt »die Reise«

> Stehe davor, und da ist kein Anfang. Folge ihm, und da ist kein Ende.
>
> LAO-TZU

Das Leben verläuft wie eine Reise längs eines Weges. Dieser Bereich des Lebens ist wie eine Bootsfahrt auf einem Fluß. Der Bereich des Wassers wird manchmal auch »berufliche Laufbahn/Karriere« genannt, doch ist er viel mehr als die berufliche Tätigkeit. Er steht für die Freiheit zu tun, was man tun möchte, so daß das Leben wie mühelos in Klarheit und Leichtigkeit dahinfließt. Dieser Bereich enthält natürlicherweise Objekte, die mit Flüssigem zu tun haben, wie zum Beispiel Tinte, Farbe, Arzneimittel oder aber Öl oder Kunstwerke, die in irgendeiner Weise Wasser darstellen oder symbolisieren, beispielsweise Flüsse, Bäche, Meere, Fische, Wale und Wasserfälle. Wenn dieser Bereich im Bagua Ihrer Wohnung fehlt (negativer Raum), dann könnte ein Bewohner des Hauses an einer Krankheit leiden, solange dies nicht durch eine entsprechende Plazierung behoben wird. Wenn in diesem Bereich eine Projektion (Ausbuchtung) vorhanden ist, kommen die Bewohner meist zu Wohlstand und wissen, wie sie damit umgehen müssen.

2. Erde

Der Bereich Erde hat mit Beziehungen zu tun

> Ich will ... unter den Wissenden sein oder allein. Ich will dich immer spiegeln in ganzer Gestalt...
>
> RAINER MARIA RILKE: DAS STUNDENBUCH

Durch Beziehungen mit anderen Menschen, seien es platonische, berufliche oder erotische, kann man sich besser mit Teilen von sich selbst integrieren, die man allein nicht ohne weiteres wahrnehmen kann. Für den einen bedeuten Beziehungen mit Klienten oder Kunden Geld, für den anderen sind Beziehungen die Quelle großen Glücks, indem sie zur Ehe und Gründung einer Familie führen, was für viele das wichtigste Ziel im Leben ist. Das Wesentliche dieses Bereichs wird durch Erde symbolisiert, das Empfangende. Erde gehört zu allem Aufnehmenden, wie zum Beispiel Kissen (die Ihren Kopf aufnehmen), Äckern und brachliegendem Land (offene Bereiche), und zur höchsten Wesensart aufrichtiger Bescheidenheit, Demut und einem leeren, gebefreudigen, offenen Herzen. Eine Beziehung zu haben bedeutet, wahrhaft empfänglich wie auch gebefreudig zu sein.

Die innere Welt der Beziehungen liegt dem Bagua-Bereich Kontemplation diagonal gegenüber. Unsere Beziehungen zu anderen Menschen hängen immer davon ab, wie wir diese Menschen in uns tragen. Die Erde ist der Bereich, der am stärksten mit dem weiblichen Prinzip aufgeladen ist.

Wenn dieser Bereich im Bagua eines Hauses fehlt, fühlen sich Frauen dort nicht wohl. Die Bewohner können auch Probleme mit Angelegenheiten haben, die Grundstücke oder den

Ackerbau betreffen. Wenn hier eine Projektion besteht, ist das Haus am glücklichsten, wenn dort viele Frauen leben, während Männer sich vielleicht in einem solchen Haus viel weniger wohl fühlen.

3. Donner

Der Bereich des Donners ist die Energie der Älteren

> Wenn du die Vergangenheit nicht kennst, dann hast du keine Zukunft. Wenn du nicht weißt, wo dein Volk war, dann wirst du nicht wissen, wohin dein Volk geht.
>
> FORREST CARTER:
> THE EDUCATION OF LITTLE TREE

Wie der Donner dem Sturm vorangeht, so waren unsere Eltern und Vorfahren vor uns. Achtung und Ehrerbietung ihnen gegenüber ist ein traditionelles Prinzip, das in der modernen Gesellschaft fast untergegangen ist. Dieser Bereich hat unmittelbar mit Vorgesetzten, Chefs, Eltern und älteren Menschen zu tun; diese können mit Ihnen blutsverwandt, aber auch Menschen in Ihrer Arbeitsumgebung sein. Der Bereich des Donners oder der Älteren hat mit jener Energie zu tun, die wie ein Baum nach oben und außen drängt; er wird aber auch symbolisiert von Musikinstrumenten (Lärminstrumenten), großen Pflanzen (Wachstum nach oben), dem Sonnenaufgang und anderen Aspekten dieser Energie, wie sie in (Kunst-)Gegenständen dargestellt ist. Dieser Bereich liegt dem See gegenüber, dem Haus, das Kinder und Nachkommenschaft regiert.

Wenn im Haus in diesem Bereich des Bagua eine Einbuchtung oder Lücke besteht, leiden die Bewohner möglicherweise an einem Mangel an Energie, Ausdauer und Vitalität. Kinder, die in einem solchen Haus geboren werden, gehen oft schon früh aus dem Haus. Wenn in diesem Bereich eine Projektion besteht, mehrt die im Haus erzeugte Energie den Erfolg im Leben der Bewohner.

4. Wind

Der Bereich des Windes ist der Ort der glückhaften Segnungen

> Wenn man die Canyons vor Wind und Wetter schützte, würde man die von ihnen ausgemeißelte Schönheit niemals sehen.
>
> Elisabeth Kübler-Ross

> Einfach zu existieren ist ein Segen.
> Einfach zu leben ist etwas Heiliges.
>
> Rabbi Abraham Heschel

Die meisten Menschen verbinden mit Glück einen Lottogewinn, die Wette auf das richtige Pferd oder ein unerwartetes Geschenk wie eine Erbschaft oder einen Gewinn in einem Preisausschreiben. Das »Haus« des Windes wird zwar oft mit Wohlstand verbunden, ist aber eher der Bereich, in dem wir in unserem Leben Wohltaten empfangen, auch inmitten größter Schwierigkeiten, und uns darauf besinnen, wie gut es uns in Wirklichkeit geht. Im Haus der glückhaften Segnungen zu sein bedeutet nicht nur, Geld zu bekommen, sondern vielmehr, es sehr konkret zu erleben und wahrzunehmen, daß man in vielen Lebensbereichen Glück hat, daß man mit einem guten Schicksal, Wohlstand, Harmonie und sogar Gesundheit gesegnet ist. Anerkennung durch einen Kollegen oder Arbeitgeber, Dankbarkeit, die von Geschwistern geäußert wird, ein beruflicher Aufstieg oder eine Ehrung, die man von einer Berufsorganisation erhält, sind sämtlich Zeichen dafür, daß der Bereich Wind in Harmonie ist.

Das Symbol der Durchdringung, wie der Wind durch ein Sieb weht, und die leichteren Aspekte der Baumnatur, wie sie sich in Palmen oder Weiden äußern, hängen besonders mit diesem Bereich zusammen und können durch Kunstgegenstände oder andere symbolische Objekte gekräftigt werden. Dem Wind gegenüber liegt der Himmel, der Menschenfreundlichkeit regiert: Je mehr Segnungen man empfängt, desto mehr kann man seinerseits schenken.

Wenn dieser Bereich des Bagua im Haus fehlt, haben die Bewohner öfter Unfälle und »Pech«. Sie haben oft Schwierigkeiten in geschäftlichen Dingen, mit Urkunden, Verträgen und Steuern. Wenn in diesem Bereich eine Projektion liegt, sind die Bewohner umgekehrt oft geschäftlich sehr erfolgreich und haben »Glück«.

5. Das T'ai-chi

Die Mitte, T'ai-chi genannt, symbolisiert alle komplementären Gegensätze und Einheit

> Jeder Mensch ist in Berührung mit allem anderen, zwar nicht durch seine Hände, aber durch ein Bündel langer Fasern, die aus der Mitte seines Bauchs ausstrahlen. Diese Fasern stehen in Verbindung mit einem Menschen in seiner Umgebung; sie halten ihn im Gleichgewicht und geben ihm Stabilität.
>
> CARLOS CASTANEDA:
> EINE ANDERE WIRKLICHKEIT

Das Vitalzentrum des Körpers, das sogenannte Hara, ist der tiefe, verwurzelte Raum, von dem die Lebensenergie oder Ch'i ausgeht. Ähnlich wie der Schwerpunkt des Körpers ist auch das T'ai-chi in einem Zimmer oder Haus der Ort tiefer Einheit.  Hier, in der Mitte des Hauses, pflegen viele traditionelle Kulturen und Familien komplementäre Aspekte der Außenwelt einzufügen, wie zum Beispiel einen kleinen Innenhof mit einem Garten. Dieser Ort der Einheit muß sauber und aufgeräumt sein. Da er mehr ein Bezugspunkt als ein tatsächlicher Raum mit bestimmten Dimensionen ist, enthält er Aspekte aller acht Trigramme und kann der wichtigste Teil Ihrer Wohnung oder Ihres Büros sein, wenn für Sie Gesundheit im Vordergrund steht. Wirklich gesund zu sein heißt, die besten Aspekte aller acht Häuser des Bagua miteinander zu verbinden: gute Beziehungen zu Freunden und Verwandten, ein befriedigender Beruf, das Gefühl, es gut zu haben, und so weiter. Das T'ai-chi enthält »alles« und »nichts«.
Wenn dieser Bereich »fehlt«, dann ist das Äußere innen – es

befindet sich ein Hof oder Garten in der Mitte! Dies ist ein wundervoller Grundriß, der in vielen traditionellen Kulturen üblich ist. In diesem Bereich Wasser zu plazieren ist nur dann zu empfehlen, wenn das Wasser frisch, aktiv und in Bewegung bleibt. Die Gesamtgröße eines Innenhofs oder innen liegenden Gartens im T'ai-chi sollte nicht mehr als ein Drittel des gesamten verfügbaren Innenraums betragen.

6. Himmel

Der Bereich Himmel ist die Tür, die hilfreichen Freunden offensteht

Folge dem Weg des Himmels, erwäge das Prinzip hinter den menschlichen Dingen.

HAN FEI-TZU

Tue, was du willst, daß man dir tue.

SPRICHWORT

Der Gang der Dinge in der Natur ist der Gang der Dinge im Himmel. Geschenke von oben manifestieren sich auf der Erde in Form von Unterstützung, Leitung und Liebe von engen Freunden. Dieser Bereich, »hilfreiche Freunde«, ist die Pforte, durch die hilfsbereite Menschen, gute Nachbarn und »Engel« im wörtlichen und übertragenen Sinne in Ihr Leben eintreten. Dies ist auch der Bereich, durch den man selbst als hilfreicher Freund in das Leben anderer Menschen eintritt, indem man seine Fähigkeiten, seine Zeit und seine Energie selbstlos zur Verfügung stellt. Das wesentliche Merkmal dieses Bereichs des eigenen Hauses ist Menschenliebe – nicht durch Schenkungen und finanzielle Zuwendungen an eine wohltätige Organisation oder die Entrichtung von Kirchensteuer, sondern durch selbstloses Wegschenken desjenigen, was einem am wichtigsten ist, ohne etwas dafür zu erwarten. Das Symbol hierfür sind Halbedelsteine, Diamanten und Bleikristallobjekte. Der Himmel verkörpert auch die stärkste Aufladung mit dem männlichen Prinzip – im Gegensatz zur weiblichen Aufladung des Bereiches der Erde.

Sofern dieser Bagua-Bereich in einem Haus fehlt, hat der Betreffende Schwierigkeiten mit seinen Arbeitgebern. Er leidet möglicherweise auch an einer Krankheit und hat wenig Lebenskraft. Wenn in diesem Bereich eine Projektion liegt, dann fällt es den Bewohnern in natürlicher Weise leicht, ihren Mitmenschen Zuwendung entgegenzubringen und Menschen in der Gesellschaft zu unterstützen, die über weniger materielle Mittel verfügen.

7. See

Der Bereich des Sees hängt mit der persönlichen Kreativität zusammen

»............................... «
(Seien Sie kreativ! Füllen Sie den obigen Leerraum selbst aus!)

Alles, was man hervorbringt (Kinder, Projekte, Geschichten und Meisterwerke der Welt der Kunst), stammt von der Energie des Sees. Dieser Bereich des Hauses, der oft auch »Nachkommen« heißt, bewirkt jugendliche Freude und Phantasie. Hier entwickelt man Pläne für eine Geschäftseröffnung, schreibt man ein Gedicht oder legt man den Keim für neues Leben. Kreativität ist in allen Menschen lebendig, in groß und klein, in jung und alt. Mit ihr ist das Leben Magie; ohne sie ist das Leben vorüber. Dieser Bereich des Hauses steht auch für die miteinander zusammenhängenden Aspekte der Sinne: Schmecken, Fühlen, Riechen, Sehen und Hören. Vor allem duftende Blüten, glitzernde Teiche, köstliche Nachspeisen und wohlklingende Musik kräftigen die Essenz des Sees, und das nämliche gilt für Bilder dieser Aspekte, wenn sie in Kunstwerken oder anderen Gegenständen dargestellt sind. Der Bereich gehört auch zur Abenddämmerung.

Wenn dieser Teil des Bagua im Hause fehlt, haben die Bewohner Schwierigkeiten, Geld für ihren eigenen Genuß beiseite zu legen. Sie haben die Tendenz, es unüberlegt zu verbrauchen. Wenn in diesem Bereich eine Projektion liegt, werden die Bewohner gesellig, glücklich und gut ernährt sein – wiewohl sie oft auch zu lächerlichem Klatsch neigen!

8. Berg

Der Berg ist der Bereich stiller Kontemplation

> Die Einsicht, daß man nichts weiß, ist ein großer Schritt zur Erkenntnis.
>
> BENJAMIN DISRAELI

Die alten Weisen brachten Stunden in stiller Kontemplation zu, oft in der freien Natur und der Einsamkeit einer Bergeshöhle. Nach langen Stunden des Studiums oder der Meditation erkannten sie ihre irdische Unwissenheit und vertieften so ihre Selbsterkenntnis. Dieser Bereich des Hauses, der auch als »inneres Wissen« bezeichnet wird, kommt nicht von demjenigen, was man weiß, sondern ist vielmehr mit demjenigen aufgeladen, was man *nicht* weiß. Ein Diplom, ein Universitätsabschluß oder eine Auszeichnung ist für manche ein wichtiger Maßstab, und doch haben Tausende der größten Lehrer, Philosophen, Meister, Künstler und Mentoren der Welt ihre Weisheit aus ihrem Inneren bezogen – ohne offizielle Zulassung und einen Titel. Inneres Wissen entsteht aus Selbstreflexion und Innenschau (Introspektion), die oft am späten Abend oder in den frühen Morgenstunden am besten gelingt. Der Berg ist symbolisiert durch Behältnisse, die Höhlen ähneln, Kirchen, Truhen, Schränke, leere Schachteln oder Gefäße und die Stille der Natur zur Winterzeit.

Wenn dieser Bereich des Bagua im Haus fehlt oder eingebuchtet ist, könnte ein dort lebendes Paar Schwierigkeiten haben, ein Kind zu bekommen. Eine alleinstehende Frau könnte Probleme mit ihren Sexualorganen haben. Eine Projektion in diesem Bereich führt für die Bewohner ebenfalls zu Schwierigkeiten. Streit und Spannungen innerhalb der Familie werden an der Tagesordnung sein, und jeder wird immer selbstsüchtiger. Dies ist das einzige Haus im Bagua, das idealerweise weder aus- noch eingebuchtet sein sollte.

9. Feuer

**Der Bereich des Feuers,
der das Bagua abschließt, ist Erleuchtung**

> Vor der Erleuchtung trage Wasser, hacke Holz.
> Nach der Erleuchtung trage Wasser, hacke Holz.
>
> ANONYMUS

Vom Feuer aufgeladen zu sein bedeutet, die Energie der Klarheit zu manifestieren. Am Ende des Zyklus, wenn das Leben endet, erkennt man schließlich, daß das Licht aus dem Inneren leuchtet. Wenn man im Blickpunkt des öffentlichen Interesses steht, könnte dieser Bereich »Ruhm« heißen. Aber es ist klar, daß selbst ein Superstar, der öffentliche Anerkennung und weltweite Bekanntheit genießt, unerleuchtet bleiben kann. Dieser Bereich des Hauses hat nichts damit zu tun, daß man im Rampenlicht steht, sondern mit der inneren Erleuchtung und der Fähigkeit, andere zu erleuchten oder aufzuklären. Das Symbol hierfür ist die aktive, pulsierende Energie des Sommers, die gesteigert wird von Objekten, welche die Seele erhellen, wie große Werke der Literatur, alte Meister, ergreifende Musik oder Lyrik. Feuer liegt dem Haus des Wassers gegenüber, und dies erinnert uns daran, daß wir immer unserem Weg treu bleiben und »tun müssen, was wir tun wollen«. Viele Menschen, die Ruhm und materiellen Erfolg erlangt haben, stehen dann unter dem Zwang der Anforderungen, die durch ihre neue Popularität auf ihnen lasten. Dies kann sie von ihrem Pfad wegführen, der Reise, dem Haus des Wassers, das immer in einer Beziehung zum Feuer steht. Viele berühmte Künstler und Politiker lassen die Welt des Glanzes und der

Berühmtheit hinter sich, um sich einen Traum zu erfüllen, der mehr im Einklang mit ihrer inneren Wesensnatur steht. Erleuchtete Meister haben keine Begierden mehr. Die Bemeisterung des Feuers ist es, die den Menschen gegenüber dem Tier auszeichnet.

Wenn dieser Teil des Bagua im Hause fehlt, geben die Bewohner zuviel auf die Meinung anderer Menschen und haben Schwierigkeiten, Selbstvertrauen zu entwickeln. Wenn eine Projektion vorliegt, führt die erzeugte Energie oft dazu, daß Menschen in der Gesellschaft Bekanntheit oder im alltäglichen Leben Selbstverwirklichung erlangen.

Alles ist miteinander verbunden

Das Wesen des Bagua, wie es Fu Hsi erkannte, war eine außerordentliche Entdeckung: Alles in unserer Welt, alle materiellen Objekte, Gefühle, Farben, Beschäftigungen, spirituellen Eigenschaften, Jahreszeiten und so weiter konnten als Teil eines bestimmten Bereichs des Bagua betrachtet werden. Nichts fällt aus dem Ganzen heraus. Alles in unserem Leben unterliegt dem Einfluß der Energie eines der neun Bereiche oder Häuser des Bagua im eigenen Zuhause.

Nehmen wir an, Sie arbeiten in der Poststelle Ihres Lokalblatts. Sie werden zwar nicht reich, aber es hat auch Vorteile, für eine große Firma zu arbeiten, und Sie können wenigstens Ihre Rechnungen bezahlen. Als Hobby haben Sie aber vor kurzem das Arbeiten mit Holz entdeckt. Sie kaufen sich einige Werkzeuge und lesen Heimwerkerbücher. Sie fertigen erste kleinere Gegenstände an und machen sie Ihren Freunden zum Geschenk. Plötzlich erkennen Sie, daß Sie mit dieser Arbeit auch Geld verdienen könnten.

Sie wagen sich als frischgebackener Hobbyschreiner an einen

Garderobenschrank und bieten ihn in Ihrer Zeitung zum Verkauf an.

Wenn Sie ein solches Vorhaben in Angriff nehmen, erhebt sich Ihre Energie wie Donner, der mit »Geburt« und neuen Ideen zu tun hat. Der Entwurf und die Herstellung der Arbeit wäre vom See regiert, dem Haus der Kreativität, der Verkauf vom Wind, dem Haus der glückhaften Segnungen, weil ein Verkauf Ihnen Geld einbringt.

Nach dem ersten Verkauf begeistert Sie die Aussicht, Ihre Bürotätigkeit aufzugeben und vom Entwurf von Garderobenschränken zu leben. Diese neue Orientierung im Leben wäre vom Wasser beherrscht, weil es die Richtung des Weges ändert. Da Schränke etwas Massives sind, werden die Arbeiten, die Sie herstellen, stark vom Berg beeinflußt. Physische Formen wie Schränke stehen in einem Zusammenhang mit dem Bagua-Bereich Kontemplation.

Wenn Sie mit Ihrer neuen Arbeit beginnen, wird Ihnen klar, daß Sie bei einem Meister in die Lehre gehen müssen. Dieser wird vom Donner regiert, denn das Bagua-Haus enthält auch die Energie der Älteren. Während Sie bei diesem Meister arbeiten, begegnen Sie einem anderen Menschen, der Küchenschränke entwirft. Der Betreffende hat ebenfalls gerade begonnen, Möbel zu schreinern, und Sie unterhalten sich darüber, ob Sie nicht zusammenarbeiten und ein Geschäft eröffnen könnten, das auf die Herstellung von Sonderanfertigungen spezialisiert ist. Die Verbindung mit Ihrem neuen Partner ist von Erde beeinflußt, demjenigen Bereich Ihrer Wohnung, der für Beziehungen steht. Sie diskutieren einige Namen für Ihr Geschäft und beschließen, es Hell&Licht Möbeldesign zu nennen. Ein solcher Name hat mit Feuer zu tun, dem Wesenselement der Erleuchtung.

Sie beide brauchen eine gute Anleitung und Unterstützung, um Ihre Produkte erfolgreich auf den Markt zu bringen, doch

Sie haben nicht das Geld, um einen Außendienstvertreter oder einen Geschäftsführer einzustellen. Aber Sie kennen einige Freunde, deren Rat Ihnen beim Start helfen kann. Diese sind vom Himmel beeinflußt, dem Bereich der hilfreichen Freunde.

So gibt es immer neue Beziehungen, die fast alles, was man tut, mit allen anderen Teilen verknüpft und das Ganze in einen Zusammenhang mit dem Bagua bringt. Denken Sie einen Augenblick darüber nach, wie das, was Sie gerade tun, in bestimmte Bereiche des Bagua fällt. Gibt es Problembereiche? Hindernisse? Schwierigkeiten? Jeder Bereich Ihres Lebens entspricht einem der Häuser des Bagua.

Eine Fallgeschichte

Problem

Lucy schrieb eine große Biographie über eine berühmte Persönlichkeit der zwanziger Jahre. Alle, die das Manuskript lasen, fanden es großartig, aber sie konnte keinen Verleger finden. Sie schickte ihr Manuskript an viele Agenten und Lektoren, doch bekam sie stets nur dieselben höflichen Ablehnungsschreiben.

Lösung

Beim Gespräch mit einer Verwandten, die sich mit intuitivem Feng Shui beschäftigt hatte, erfuhr Lucy, wie sie den Punkt in ihrer Wohnung und ihrem Arbeitsplatz ausfindig machen konnte, der mit ihren Schwierigkeiten mit der Veröffentlichung des Buchs zu tun hatte. Es war das Haus des Wassers, und in der Tat lag in der Eingangsdiele, dem Bereich der Reise, der Einfluß auf ihren neuen Weg hatte, viel Gerümpel herum. Nachdem sie viele Kartons mit altem Trödel aus dem Haus geschafft hatte, riß sie den Teppich heraus, strich die Wände hellgrün und brachte fröhliche Bilder und bunte Vorhänge an, um die Energie anzuregen und zu ändern.

Ergebnis

Noch in derselben Woche bekam sie einen Brief von einem Verleger, der ihr Buch herausbringen wollte. Nach weiteren Veränderungen rief ihr Agent sie an, daß eine berühmte Schauspielerin und Regisseurin die Rechte an dem Buch kaufen wollte. Sie unterzeichnete eine Option, die ihr ein Vielfaches desjenigen einbrachte, was sie mit dem Verkauf des Buches allein verdient hätte.

Die Häuser des Bagua sind wie alle Aspekte des Lebens eng miteinander verknüpft. Wie in der ganzheitlichen Medizin kann man sich nicht mit einem isolierten Teil befassen und hoffen, damit den ganzen Menschen heilen zu können. Wenn Sie Ihr Leben und Ihre Lebensräume betrachten, werden Sie bald den Zusammenhang zwischen den einzelnen Räumen, die wie Körperteile sind, und mit den verschiedenen Aspekten Ihres Lebens erkennen, die wie Teile Ihrer Seele sind. Werfen Sie nochmals einen Blick auf das Bagua, und erkennen Sie, wie alles miteinander verbunden ist.

10 Änderungen plazieren

> Alle Veränderungen wie auch das sogenannte Gleichgewicht entstehen und werden lebendig durch die Überschneidung von Gegensätzen.
>
> GEORGE OHSAWA: UNIQUE PRINCIPLE

Was ist ein »Heilmittel«?

Die Umstellung von Möbeln in einem Raum bringt fast immer ein wenig frischen Wind in das Leben der Bewohner. Wenn Sie ein neues Bild aufhängen, einen Sessel neu beziehen oder eine Wand streichen, tun Sie fast immer etwas für die Ästhetik. Auf der Grundlage der Prinzipien des Gleichgewichts und der Harmonie, den Ecksteinen des intuitiven Feng Shui, können Veränderungen in Ihrer Umgebung Ihr Leben völlig umgestalten.

In der Heilkunst, in der Meditation und bei Vermittlungsbemühungen ist das Ziel, Stabilität nahe der Mitte zu erreichen, das heißt, die Zielrichtung der Energie näher auf den Mittelpunkt zu lenken. Die meisten »Heilmittel« sind eine Zusammenführung von Gegensätzen zur Erzeugung eines einheitlichen Ganzen, ob es sich dabei um ein einfaches Mittel gegen Schluckauf oder die Auflösung eines seit langem schwelenden Konflikts in der Gesellschaft handelt. Selbst bezüglich der unsichtbaren Welt der Schwingungen haben Wissenschaftler heute durch Studien erkannt, daß alles, was man nicht sehen oder berühren kann, sich letztlich als Serie von Wellenlängen kategorisieren läßt, die die materielle Welt erzeugt. Die Ångström des Farbenspektrums, die Ultraschall- und Infraschallwellen und die Dichte von Werkstoffen sind sämtlich meßbare Energien.

Daß Feng Shui in einen Zusammenhang mit Mythos und Aberglauben gerückt wurde, entstand durch fehlendes Wissen des modernen Menschen von den Eigenschaften der unsichtbaren Welt. Wenn die Sinne nicht geschult sind, solche Energien wahrzunehmen, dann müssen Feng-Shui-Heilmittel als bloße Überreste eines unaufgeklärten Zeitalters erscheinen; bei genauerer Betrachtung der meisten einfachen Heilmittel, die im klassischen Feng Shui angewandt werden, zeigt sich jedoch ganz deutlich, daß die alten Geomanten in jeder Situation nichts weiter als den Grundsatz des Gleichgewichts und der Harmonie anwandten. Ein prägnantes Beispiel hierfür findet sich in der Geschichte vom kleinen Berghaus.

Das kleine Berghaus

Vor langer, langer Zeit lebte eine Familie in einem kleinen Berghaus. Die Tochter, die in einem kleinen Zimmer an der Vorderseite dieses Hauses mit Blick über das Tal schlief, klagte über Unsicherheit und Schwindel. Sie hatte oft das Gefühl, daß ihr Lebensweg instabil und »auf der Kippe« sei.

Der Sohn, der in dem gegenüberliegenden Zimmer auf der Rückseite des Hauses lebte, hatte ganz andere Empfindungen. Obwohl ihm seine Eltern alle Liebe und Unterstützung angedeihen ließen, klagte er oft darüber, daß er sich verwirrt, blockiert und deprimiert fühlte. Starre und Niedergedrücktheit herrschten in seinem unglücklichen Leben, und niemand konnte verstehen, warum er sich so elend fühlte.

Seine klugen Eltern beschlossen, den Rat eines Feng-Shui-Meisters einzuholen, der in einem kleinen Tal in der Nähe lebte. Als der Meister zu dem Haus kam und sich die Land-

schaftsgegebenheiten betrachtete, sah er sofort, warum die Kinder ihr Leben in einer so unterschiedlichen Weise erlebten. Mit Hilfe des vereinheitlichenden Prinzips hatte er das Problem rasch gelöst.
Er gab einige einfache Empfehlungen zur Anpassung des Ch'i, wonach die Bewohner die Energien des Hauses in einer anderen Weise erleben würden. Hinter dem Haus pflanzte er vor dem Fenster des Sohns Bambus. Die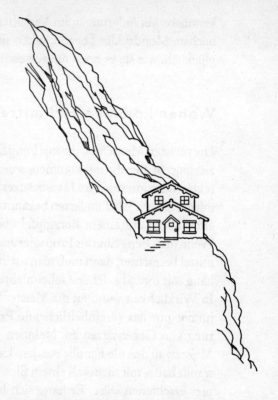ser würde schnell wachsen und alle Energien zur Verfügung stellen, die denjenigen des Berges entgegengesetzt waren. Bambus ist hohl und elastisch (der Berg fest und starr), er schießt mit frischer pflanzlicher Energie rasch in die Höhe (der Berg war sehr alte mineralische Energie), und die Pflanze war leicht und freundlich (der Berg dunkel, schwer und unheilverkündend). Vor dem Haus verankerte er lange Balken und schwere Steine, die Stabilität und horizontale Energie erzeugten (der steil abfallende Berghang vermittelte die unsichere Empfindung der Vertikalen).
Bald nach seinem Besuch und nachdem die »Heilmittel« angebracht waren, bemerkten die Eltern subtile, aber unver-

kennbare Veränderungen im Verhalten ihrer Kinder. Als der nächste Mondzyklus begann, sahen sie die beiden Kinder so glücklich, wie sie es noch nie gewesen waren.

Woher kommen Heilmittel?

Die meisten Menschen, die mit Feng Shui, der Kunst der Plazierung, in Berührung kommen, seien es Historiker, Architekten oder interessierte Hausbesitzer, glauben, daß die Heilmittel, die seit Jahrhunderten bekannt sind, von einem weisen alten Mann auf einem Berggipfel überliefert worden seien. Wenn man Feng Shui als Propagierung abergläubischer Heilmittel betrachtet, dann muß man natürlich einen Zusammenhang mit irgendwelchen Geheimlehren vermuten.

In Wirklichkeit wandten die Meister bei ihren Anpassungen immer nur das vereinheitlichende Prinzip der Harmonisierung von Gegensätzen an. Nehmen wir einmal an, daß der Meister, an den die Familie aus dem kleinen Berghaus sich gewandt hatte, mit nichts als einem Bleistift und einem Blatt Papier erschienen wäre. Er hätte sich hinter das Haus gesetzt und eine Liste der Qualitäten der Bergenergie erstellt, die auf die Bewohner an der Rückseite des Hauses einwirkten. Diese Liste hätte etwa wie folgt aussehen können:

Unten	Mineral
Hart	Still
Dunkel	Starr
Alt	Fest

Wenn nun seine Empfehlungen wirksam sein sollten, dann war klar, daß die Heilmittel die obigen Elemente nicht hinzufügen durften. Als erstes dachte er an einen kleinen Brunnen, weil dieser die fehlenden Elemente von Wasser hinzugefügt hätte. Dies schien jedoch nicht ausreichend zu sein. Als nächstes zog er einige Blumen um den Brunnen in Betracht, aber er erkannte, daß auch dies als Heilmittel für die gewaltige Kraft nicht ausreichen würde. Dann überlegte er sich, ob man einige große Bäume pflanzen könnte, die weitere Elemente hinzufügen würden, die dem Brunnen und den Blumen noch fehlten. Aber er wußte, daß dies lange dauern würde.

Der Meister setzte sich also hinter das Haus und fertigte eine Liste der Gegensätze zu all demjenigen an, was er soeben niedergeschrieben hatte:

Oben   Pflanzlich
Weich Fließend
Hell   Elastisch
Jung   Hohl

Er mußte die Plazierung von Objekten empfehlen, die diese Elemente enthielten, um den Ort ins Gleichgewicht zu bringen. Dann, nach der Anwendung des Prinzips der komplementären Gegensätze, das als das vereinheitlichende Prinzip bekannt ist, erkannte er die perfekte Lösung: eine Bambuspflanze hinter dem Haus. Bambus ist eine rasch wachsende, hohle, elastische, frische Pflanze, die in sehr kurzer Zeit mit neuem Leben in die Höhe wächst. Der zwischen dem Haus und dem Berg gepflanzte Bambus übertrug den Menschen, die aus dem Fenster blickten, alle seine Energie und neutralisierte dadurch die Wirkungen des Berges, die dem Knaben das Leben so schwer hatten erscheinen lassen. In dieser Empfehlung lag nichts Sensationelles – sie war lediglich die Anwendung eines zeitlichen Prinzips, das auch in allen anderen Aspekten des Lebens wirksam und seit Jahrtausenden gültig ist.

Indem der Meister dasselbe Prinzip an der Vorderseite des Hauses anwandte, empfahl er die Anbringung von kräftig wurzelnden Pflanzen in stabilen, großen Vasen, breite, fest im Hang verankerte Treppenstufen, Blumenkästen vor den Fenstern mit Gewächsen, die starke Wurzeln bildeten, und weitere Objekte, die die Empfindung der Stabilität, der Sicherheit und des festen Halts vermittelten, wie sie der Blick aus dem Fenster der Tochter vermissen ließ. Diese Heilmittel schenkten ihr die fehlende Erfahrung horizontaler Energie.

Das vereinheitlichende Prinzip

Das Leben ist eine Kette unaufhörlicher Veränderungen. Durch die magische Brille des vereinheitlichenden Prinzips kann man erkennen, wie sich Energie nach innen und außen, nach oben und unten, schnell und langsam, heiß und kalt und so weiter bewegt.

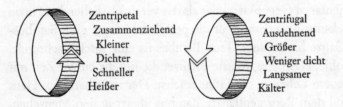

Zentripetal
Zusammenziehend
Kleiner
Dichter
Schneller
Heißer

Zentrifugal
Ausdehnend
Größer
Weniger dicht
Langsamer
Kälter

In zentripetaler Richtung fließende Energie zieht sich in sich zusammen, wodurch sie kleiner und dichter wird. Dabei beginnen die Moleküle, schneller zu schwingen, wodurch Reibung und Wärme entsteht. Durch die ansteigende Temperatur dehnen sich die Moleküle aus, und es setzt gemäß dem

Prinzip eine zentrifugale Gegenbewegung ein. Die Energie drängt jetzt nach außen, wird größer und weniger dicht, während sich die Bewegung der Moleküle verlangsamt. Wenn die Energie langsamer wird, sinkt die Temperatur, bis sich das Ganze wieder zusammenzuziehen beginnt.

Dieses universelle Energieprinzip läßt sich als vollständiger Wandlungszyklus beobachten und gilt auf so unterschiedlichen und scheinbar zusammenhanglosen Gebieten wie Biologie, Physik, Wirtschaft und Geschichte. Die Anwendung dieses Prinzips zum Verständnis der in der Umgebung vorhandenen Ungleichgewichte ist der Kern des intuitiven Feng Shui. Damit ist klar, daß Heilmittel ihren Ursprung nicht in irgendeiner mystischen Lehre einer vergessenen Zeit haben, sondern das Ergebnis klaren Denkens und Abwägens sind.

Die Rolle der Intuition

Unsere Intuition ist eine angeborene, ursprüngliche Fähigkeit, die sich wie ein Muskel durch regelmäßige Inanspruchnahme trainieren läßt. Wir alle werden mit einem instinktiven »Wissen« geboren, das nicht auf aufgenommener Information, sondern auf geistiger Klarheit beruht. Jeder kennt die Erfahrung der »Ahnung«, wenn man etwa sagt: »Ich wußte, daß es geschehen würde.« Die Herausforderung liegt weniger darin, dies in der Rückschau anzuerkennen, als darin, diese Ahnung als Quelle der Weisheit und Leitung zu nutzen, wenn sie zum ersten Mal auftritt. Die Intuition ist gewissermaßen die Magnetnadel eines inneren Geomantenkompasses, die vom klaren, ungehinderten Strom der Energie ausgerichtet wird, welche über unsere Wirbelsäule zwischen Himmel und Erde fließt. Die Intuition, ein grenzenloses, universelles »Wissen«, das jedem Menschen zur Verfügung steht, wird von den entgegengesetzten Magnetpolen der Eisenmoleküle in unseren roten Blutzellen angezogen. Wenn man sein Blut durch bewußte Ernährung und Lebensweise reinigt, bessert sich die Gesamtverfassung, und man erlangt die Fähigkeit, Energie klar, auf einer höheren Urteilsebene zu beobachten.

Durch die Anwendung des vereinheitlichenden Prinzips beim intuitiven Feng Shui erlangt man Zugang zum Kern eines jeden Problems. Ohne dieses Prinzip beobachtet man ein Fußballspiel aus der Perspektive hinter dem Torpfosten; mit ihm sitzt man in der Mitte des Stadions. Man muß sich nur darüber im klaren sein, daß Intuition infolge innerer Klarheit gestärkt wird und nichts mit der Anhäufung von Daten zu tun hat. Da die innere und die äußere Welt Abspiegelungen voneinander sind, kann der Weg zur Klarheit von beiden Seiten her beschritten werden. Nehmen Sie sich, bevor Sie fortfahren, etwas Zeit, um die Räume, die Sie mit Feng Shui »heilen« wollen, frei zu machen. Schaffen Sie den Unrat beiseite.

Praktiziertes Feng Shui: Unordnung und Ordnung

Wie man die Heilmittel anbringt

Die im nächsten Abschnitt behandelten Heilmittel werden nachhaltige Wirkung auf Ihr Leben und Schicksal haben. Wie gut es Ihnen gelingt, die gewünschten Ziele zu erreichen, hängt von zwei sehr wichtigen Punkten ab: dem Ort und dem Zweck.

Ob Sie Heilmittel in Ihrer Wohnung oder an Ihrem Arbeitsplatz anbringen – wichtig ist, die transformierende Kraft des Feng Shui optimal zu nutzen, indem man den Ort zunächst herrichtet. Es können negative Wirkungen auftreten, wenn man Spiegel oder Kristalle in einem unordentlichen und unaufgeräumten Raum anbringt. Wie man am Abend vor einer Operation fastet oder nur eine leichte Mahlzeit zu sich nimmt, so kann Aufräumen vor Anwendung eines Heilmittels die positive Wirkung verstärken.

Ort

> Sie wollen also nach all dem, was wir hier gelernt haben, sagen, daß der erste Schritt von Feng Shui mehr Hausarbeit ist?
>
> ANONYMER SEMINARTEILNEHMER

Schaffen Sie zunächst Ordnung in dem Bereich, in dem Sie Feng Shui praktizieren wollen. Wenn Sie zu den Sammlertypen gehören, verwandeln Sie das, was als Trödel betrachtet werden könnte, in Aufbewahrtes – eine ganz andere Energieart. All jene Tüten mit Kleidern, die nicht mehr passen oder aus der Mode sind, sind Trödel. Winterkleider, die Sie im Sommer nicht tragen, gehören zum Aufbewahrten. Stapel von Zeitschriften, die Sie gesammelt haben, falls Sie vielleicht nach Jahren doch noch einmal einen bestimmten Artikel nachschlagen wollen, sind Trödel. Eine geordnete Sammlung alter Ausgaben Ihrer Lieblingszeitschrift ist Aufbewahrtes. Stapel von Büchern und Schallplatten, Regale voller Kassetten, die Sie nie mehr anhören, und die Berge von Fotografien, die nicht so ganz gelungen sind, sind Trödel, solange Sie sie nicht sortieren und ordnen. Wenn Sie sich einmal umsehen, werden Sie sich wundern, wieviel Trödel Sie angesammelt haben. Ein energischer Frühjahrsputz im ganzen Haus ist ein guter erster Schritt.

Die Fenstersimse, Wände und Eingänge, an denen Sie eines der vielen Heilmittel anbringen wollen, sollten von allem Unnützen befreit werden. Ein einfaches Saubermachen verändert ebenfalls die Energie an der Stelle, an der die Heilmittel angebracht werden. Vielleicht möchten Sie ein einfaches, selbsterfundenes Raumreinigungsritual durchführen, oder, wie es in vielen Kulturen üblich ist, sich einige Augenblicke Zeit nehmen und eine Kerze entzünden, Räucherwerk verbrennen oder mit einem Kräuter- oder Salbeibüschel die Schwingung des Raums reinigen. Es gibt kein Ritual, das »besser« wäre als andere. Sie sind Meister Ihres eigenen Schicksals und können mit Hilfe Ihrer eigenen Intuition und Wahrnehmungen die ideale Schwingung erzeugen. Haben Sie Zutrauen.

Zweck

Wenn Sie zur Anbringung eines Heilmittels bereit sind, rufen Sie sich die Gründe in Erinnerung, warum Sie Ihre Aufmerksamkeit auf diesen Aspekt Ihres Lebens und Ihrer Umgebung richten wollen. Wenn es Ihre Absicht ist, in Ihre Wohnung und Ihr Leben den negativen Raum von Erde hereinzubringen, sollten Sie diese Absicht bei der Anbringung des Heilmittels klar vor Augen haben. Greifen Sie auf das »Visualisierungsarbeitsblatt zu Kapitel 4« im Anhang zurück, und benutzen Sie den Text, den Sie eingetragen haben, als Anleitung. Was Sie in Ihrem Leben erzeugen, hängt davon ab, *wie* Sie das Heilmittel anbringen und in welchem Maße Sie es zulassen, daß sich Möglichkeiten bieten. Wenn Sie einen Spiegel an einer Wand anbringen, an der Sie negativen Raum festgestellt haben, und denken, während Sie die Nägel einschlagen: »Das funktioniert nie, aber versuchen kann man es ja«, dann werden Sie bestenfalls beschränkte Ergebnisse erzielen. Wenn Sie dagegen rezitieren oder vor Ihrem geistigen Auge die positive, lebensverändernde Affirmation sehen, die Sie in das Visualisierungsarbeitsblatt für dieses spezielle Haus des Bagua, das Schwierigkeiten hervorrief, geschrieben haben, dann wird das Heilmittel mit sehr viel größerer Wahrscheinlichkeit die gewünschte Wirkung haben.

Mit Feng Shui verändern Sie nicht einfach Ihre Umgebung – Sie transformieren Ihr Leben. Ihre Gedanken und die Heilmittel haben Schwingungen. Die Veränderung von Orten bedeutet in erster Linie Veränderung von Schwingungen. Vergessen Sie nie, daß das Bild dem Stoff vorausgeht. Lassen Sie Möglichkeiten zu!

Spiegel

> Spieglein, Spieglein an der Wand, wer ist die Schönste im ganzen Land?
>
> DIE BÖSE STIEFMUTTER IN:
> SCHNEEWITTCHEN

Wenn man sieht, wie ein Zauberer eine Jungfrau zersägt oder einen Elefanten sich in Luft auflösen läßt, dann kann man sich kaum vorstellen, wie einfach diese Täuschungen in Wirklichkeit sind. Ohne Spiegel wäre die Hälfte der Zauberkunststücke von Las Vegas hinfällig. Alice im Wunderland entdeckte hinter dem Spiegel eine ganz neue Welt, und Schneewittchens Schicksal hing von dem Spiegel an der Wand ab. Spiegel zählen zu den am häufigsten eingesetzten Heilmitteln des Feng Shui, weshalb es wichtig ist, über ihren richtigen Einsatz genau Bescheid zu wissen.

Zum einfachen Zweck der Abspiegelung

Spiegel haben viele verschiedene Funktionen. Als gewöhnlicher Gebrauchsgegenstand gibt der Spiegel das Bildnis des Menschen wieder und wird fast täglich zum Rasieren, Auftragen von Make-up, Binden von Krawatten, Glattziehen von Röcken und zum Ankleiden benutzt. Die am häufigsten verwendeten Spiegel im Haus, diejenigen im Schlafzimmer und im Badezimmer, können allerdings Probleme erzeugen, auch wenn sie nur ihre Grundfunktion erfüllen.

Spiegel sind stets makellos sauber zu halten. Gebrochene, beschädigte oder blinde Spiegel haben eine starke, meist negative Wirkung und müssen ersetzt werden. Zierspiegel aus Rauchglas können am rechten Ort eine sehr gute Wirkung haben und dazu dienen, eine bestimmte, genau definierte ästhetische Stimmung zu erzeugen, aber sie sind fehl am Platz, wenn man in ihnen wie im Dunst aussieht. Ebenso sind bemalte Spiegel letztlich Dekoration und daher so zu plazieren, daß sie ein Gestaltungselement sind und nicht dazu dienen, das menschliche Gesicht wiederzugeben.

Weil der Mensch mehr ist als nur sein Körper oder sein Gesicht, sind Spiegel oft zu klein, um das ganze Energiefeld wiederzugeben, das wir eigentlich sind. Der physische Körper ist von einem Schwingungsfeld umgeben, das Aura genannt wird. Dieses Feld kann man, auch wenn man es vielleicht nicht sieht, mit verschiedenen technischen Verfahren wie zum Beispiel der Kirlian-Fotografie messen (siehe Seite 46). Die Aura um den Kopf – ähnlich dem Nimbus eines Engels – reicht etwa fünfzehn Zentimeter weit.

Wenn man am Morgen oder Abend sein Abbild betrachtet, wie es sich in einem kleinen Badezimmerspiegel über dem Waschbecken spiegelt, ist man der, den die physische Gestalt ausmacht. Spiegel, in denen man sein Gesicht betrachtet, sollten größer sein als der Körper, damit man »überlebensgroß« werden kann.

Auch ein Ankleidespiegel sollte so groß sein, daß mehr als nur das Bild des physischen Körpers gezeigt wird. Die Bewohner eines Hauses sollten sich ihrer eigenen Proportionen bewußt sein, damit auch Gäste, die größer oder kleiner sind, sich nicht strecken oder bücken müssen, um ihr Spiegelbild zu sehen.
Ein anderer Punkt, den es zu beachten gilt, ist die Kante des Spiegels. Spiegel sind aus Glas, und die Kanten können so scharf sein, daß man sich daran schneiden kann. Deshalb müssen Spiegel gerahmt sein oder bündig an einer senkrechten Fläche anliegen. Dadurch beseitigt man nicht nur die Schnittgefahr, sondern erzeugt vor allen Dingen auch einen weichen Übergang, durch den nur die reflektierende Eigenschaft des Spiegels erhalten bleibt und die Energie vermehrt wird, wodurch Licht in eine dunkle Ecke kommt oder der Eindruck von Tiefe hinter einem Tisch oder Regal erzeugt wird. Die scharfe Kante dringt so erst gar nicht ins Bewußtsein.
Wenn man zwei Spiegel nebeneinander anbringt, entsteht ein anderes Problem. Um zu vermeiden, daß das Spiegelbild von einer störenden Linie durchzogen wird, sollte man die Stoßkante mit einer Holzleiste, einem Stoffstreifen oder anderem Material abdecken. Eine andere Möglichkeit, wie sie oft in Bekleidungsgeschäften realisiert wird, besteht darin, zwei oder mehr gerahmte Spiegel mindestens eine Körperbreite voneinander entfernt aufzustellen. Dadurch wird vermieden, daß ein Drittel Ihres Spiegelbilds in dem einen und ein Drittel in dem anderen Spiegel erscheint, während Ihre »Mitte« fehlt. Spiegel, die in einer Ecke aneinanderstoßen, erzeugen ein unschönes Spiegelbild, was man verhindern kann, indem man eine große Bodenpflanze oder ein anderes Objekt vor die Stoßlinie stellt. Besser wäre es allerdings, einfach beide Spiegel einzurahmen und sie nicht näher als dreißig

Zentimeter an die Ecke heranzurücken, wodurch die Verzerrung überhaupt vermieden wird.
Spiegel mit schräg geschliffenen Kanten oder gravierte Spiegel sind kein Problem, solange der größte Teil der spiegelnden Fläche eben ist. Die Kante wirkt eher wie ein Rahmen und kann einem ansonsten einfachen Spiegel einen Hauch Eleganz verleihen.
Wenn zwei Spiegel in der räumlichen Tiefe gegeneinander versetzt sind, wie zum Beispiel bei Spiegelschränken mit Schiebetüren oder an Apothekenschränken, entstehen zwei Bilder mit unterschiedlicher Tiefe. Wenn Sie sich jeden Morgen in einem solchen Spiegel betrachten, sieht das erste Bild von Ihnen wie das Gesicht in einem Meisterwerk von Picasso aus, indem es in der Mitte geteilt ist und links und rechts eine deutlich andere Perspektive besteht. Hierdurch entsteht ein starkes Ungleichgewicht, das unbedingt zu vermeiden ist. Spiegel an nach außen öffnenden Schranktüren liegen zwar auf derselben Ebene, haben aber eine Trennlinie, durch die ein gebrochenes Bild des Gesichts – und des Selbst – entsteht.
Spiegelfliesen in Dielen, Wohnzimmern oder Garderoben sind nach Feng-Shui-Begriffen ein Alptraum, da sie das Gesicht und die Gestalt des Menschen hundertfach zerstückeln. Wenn sie dagegen nur zur Lichtbrechung und wegen des speziellen Effekts eingesetzt werden, können sie ein interessanter Blickfang sein, wie jeder weiß, der schon einmal eine Diskothek besucht hat. In der Eingangsdiele dagegen wirken sie beunruhigend.
Weiterhin sollten Spiegel etwas Angenehmes reflektieren, zum Beispiel eine schöne Aussicht, den Himmel, Baumwipfel oder zusätzliches Licht. Eine sehr günstige Wirkung haben Spiegel, die das Bild eines Teichs oder Sees in die Wohnung werfen. Bringen Sie Spiegel nie gegenüber der Badezimmer-

tür oder dem Mülleimer an. Dies sind erschlaffte, abgestorbene oder zerfallende Energien, die aus dem Haus entfernt werden, und ihr Abbild sollte nicht nochmals wiedergegeben werden. Ordnen Sie im Schlafzimmer Spiegel nie so an, daß sie Ihr Bild im Bett darbieten. Weil unsere ätherische Energie nachts zur Ruhe kommen will, kann eine solche Anordnung leicht Schlaflosigkeit oder unruhigen Schlaf verursachen. Es ist in Ordnung, wenn man vom Bett aus einen Spiegel sieht, aber man sollte sich nicht selbst im Liegen darin sehen können. Wenn der Körper im Schlaf gezeigt wird, verursacht dies eine Verstärkung von Schwingungen, was zu einer subtilen Schwächung der physischen Energie und zu unnatürlichen Traumzuständen führt. Weil wir nur aus unsichtbaren Schwingungen bestehen, erholen wir uns durch die Sammlung dieser Energien.

Spiegel im Schlafzimmer sollten möglichst rund oder oval sein, wodurch ein »weicheres« Bild entsteht als bei einem Rechteck oder Quadrat. Kreise und Ovale bestehen aus einer durchgehenden weichen Linie; quadratische und rechteckige Spiegel können eher Konflikte erzeugen, insbesondere in kleinen Räumen, wenn die Kanten auf die Ecken zulaufen.

Die Aura ist eher kugelförmig. Aus diesem Grund sollte ein Spiegel, in dem man sich betrachtet, in etwa dieser Form folgen. Zwei Linien, wie sie die Ränder eines quadratischen oder viereckigen Spiegels bilden, »schneiden« sich im Raum, im Gegensatz zu dem geschlossenen, durchgängigen Fluß der Linien an einem kreisförmigen oder ovalen Spiegel.

Spiegel als Heilmittel

Als Feng-Shui-Heilmittel kann ein richtig angebrachter Spiegel den Eindruck von Raum vermitteln, wo in Wirklichkeit nur eine Wand ist. Spiegel dienen dazu, im Bagua negativen Raum zu ergänzen. Wenn etwas fehlt, das heißt bei Grundrissen, bei denen in einem Teil des Bagua kein tatsächlicher Wohnraum vorhanden ist, kann ein Spiegel an der Wand an der Stelle des negativen Raums eine Art Projektion entstehen lassen. Dadurch erreicht man, daß etwas, was im Raum und im Leben fehlte, in beidem wieder integriert wird.

Auf dem abgebildeten Grundriß ist das Haus der Beziehungen ein negativer Raum. Wenn man an den beiden Wänden, die den negativen Raum abgrenzen, je einen Spiegel anbringt, entsteht der Eindruck eines Raums, weil sich andere Teile des Zimmers darin zeigen. Durch dieses Heilmittel wird Erde hinzugefügt, die Energie, die Partnerschaften, Ehe und das Empfängliche symbolisiert. Spiegel bringen Energie zum Fließen. Wenn man sie an beiden Seiten der Haupteingangstür anbringt, kann dies einen erheblichen Zustrom neuer Energie im eigenen Leben bewirken. Wenn dagegen die Tür zu einer Wand öffnet, wie es bei Häusern des neunzehnten Jahrhunderts üblich war, um die Privatsphäre zu schützen, oder wenn in einer Ecke der Eindruck des Eingeengtseins besteht, dann stagniert hier das Ch'i, und dies bedeutet beim Feng Shui, was im Körper mangelnde Durchblutung ist. Wenn ein Eingang direkt in einen engen Korridor führt oder eine Treppe dicht an einer Mauer endet, erzeugen Spiegel gegenüber der Öffnung den Eindruck von Tiefe. Einer derjenigen Bereiche, in denen besonders häufig Tiefe fehlt, ist die Küche, insbesondere der Bereich hinter dem Herd. Ein Spiegel, und sei es nur ein kleines

Format, kann räumliche Tiefe erzeugen, so daß blockierte Energie wieder frei wird und der Bereich mit Tiefe und Licht erfüllt ist. Dies ist das ideale Heilmittel für die erschöpfte Köchin, die das Gefühl hat, tagtäglich an den heißen Herd gekettet zu sein, oder den einsamen Mieter, der nie Besuch bekommt. Die Plazierung verdoppelt auch symbolisch die Zahl der Brenner des Herdes, und dies ist eine Verbesserung, die die Gesundheit stärkt und für Wohlergehen sorgt.

In einem schmalen Korridor oder kleinen Zimmer wirken Spiegel raumschaffend. Das kleine Café um die Ecke mit seinen acht Tischen wirkt zwei- oder dreimal so groß, wenn die Besitzer Spiegel in geeigneter Weise angebracht haben. Dadurch fühlen sich die Gäste weniger beengt und entspannter. Wenn ein Durchgang sehr eng ist, bringt man besser an einer Wand einen Spiegel an, statt ein Stilleben aufzuhängen, das die Enge noch verstärken würde.

Seit jeher werden konvexe Spiegel benutzt, um in dieser Weise im Eingangsbereich von Wohnungen für mehr Energie zu sorgen. Direkt gegenüber dem Eingang wird zu diesem Zweck ein runder konvexer Spiegel angebracht. Da es schwie-

Konvexer Spiegel

rig ist, vor einem Konvexspiegel die Krawatte zurechtzurücken oder Make-up aufzutragen, wurde diese Plazierung offensichtlich nur zur Verteilung von Licht und Energie gewählt.
Spiegel können auch zur Definition von Raum benutzt wer-

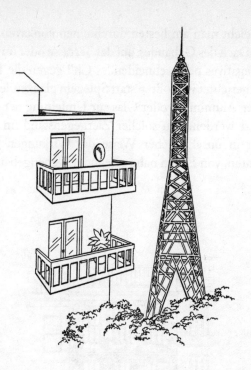

den, zum Beispiel bei offenen Grundrissen. Wenn man an einer Wand eine Reihe von Spiegeln mit Pflanzen als Raumteiler anbringt, kann man auf Wände und andere feste Unterteilungen verzichten. Das Bild im Spiegel wird durch die Plazierung erweitert und definiert.

Eine ungewöhnliche, aber sehr wirksame Anwendung eines Spiegels als Feng-Shui-Heilmittel kommt zum Tragen, wenn über einem Haus, einer Wohnung oder einem Büro eine starke nach unten gerichtete Energie liegt. Die Quelle einer solchen Energie kann ein Sendemast, ein Wolkenkratzer oder ein Wasserturm sein. Die nach unten gerichtete Energie muß umgekehrt und nach oben gelenkt werden, damit ihre niederdrückende Kraft in unschädlicher Weise vermindert wird.

Dies erreicht man am besten durch einen konkaven Spiegel auf dem Dach des Gebäudes, auf der Terrasse oder im Garten. Wenn negatives oder schneidendes Ch'i gegen die Fensteröffnung gerichtet ist, sollten statt Spiegeln glänzende Kugeln aus Silber, Aluminium oder Glas zur Umleitung der Energie eingesetzt werden. Ein solcher Ziergegenstand im Fenster zerstreut in unschädlicher Weise die Wirkungen scharfer Dachkanten, von Ecken nahe gelegener Nebengebäude oder

sonstiger äußerer Störfaktoren wie zum Beispiel Straßen, die direkt auf das Gebäude zulaufen. Die ideale Position ist etwas über der Augenhöhe.

Im klassischen Feng Shui, wie es im Fernen Osten praktiziert wird, werden häufig kleine achteckige Spiegel benutzt, die das Bagua mit den Trigrammen zeigen. Sie werden oft auch zur Ableitung negativer Energie eingesetzt, die auf das Haus gerichtet sind – nicht anders als andere Kulturen, die das Auge Gottes, ein Mandala oder ähnliche Zeichen zur Abwehr von Unheil verwenden. Aus dem Blickwinkel des vereinheitlichenden Prinzips bewirken alle diese Anwendungen dasselbe: Sie werfen das Bild durch Farbe, Licht, Strukturen oder andere Mittel zurück, die eine Schwingung verstärken. Die richtige Anwendung dieses Heilmittels hängt von nichts anderem als Ihrem eigenen ästhetischen Empfinden und der Wahrnehmung der Ch'i-Energie ab, nicht von irgendwelchen mystischen, geheimnisvollen Kräften, die im Bagua-Spiegel, im Mandala oder im Auge Gottes vorhanden wären. Man würde sich in der Tat nur zusätzliche Schwierigkeiten schaffen, wenn man mit etwas arbeitete, was nicht dem persönlichen ästhetischen Empfinden entspricht. Um Feng Shui zu praktizieren, brauchen Sie Ihre Wohnung durchaus nicht mit Glockenspielen und Bagua-Spiegeln in ein chinesisches Restaurant zu verwandeln, es sei denn, dies paßt zu Ihrer Einrichtung oder Sie wählen dies bewußt als Gestaltungselement. Die Prinzipien der Energie und des Wandels unterliegen keiner kulturellen Beschränkung, sondern sind in allen traditionellen Philosophien vorhanden.

Eine Fallgeschichte

Problem

Frau S., eine distinguierte Dame von Stand, lebte in einem sehr schönen viktorianischen Haus mit erlesenen Antiquitäten, das sie von ihrem Großvater geerbt hatte, einem ehemaligen Mitglied des Parlaments. Eine gute Freundin sagte Frau S., daß ihre Eingangstür unter dem Einfluß negativer Kräfte sei, sogenanntem schneidendem Ch'i, weil eine Straße genau auf ihre Tür zulief.

Lösung

Frau S. wollte dieses Problem unbedingt lösen und bat ihre Freundin um Rat. Diese gab ihr einen chinesischen Bagua-Spiegel, an dessen Umfang die acht Trigramme angeordnet waren. Diesen Spiegel sollte sie an der Eingangstür anbringen. Einige Wochen später war Frau S. noch keineswegs überzeugt, daß ihr Problem gelöst sei. Sie war im Gegenteil über diesen Spiegel sehr unglücklich und wandte sich um Hilfe an einen Berater für intuitives Feng Shui. Als dieser den Spiegel sah, fragte er sie, warum sie ihn dort angebracht habe.

»Nun, auf meine Eingangstür wirkt schneidendes Ch'i ein«, antwortete sie, und sie fragte sich, warum der Berater eine so törichte Frage stellte, wo die schädliche Energie doch so offenkundig war.

»Ja«, antwortete er, »das sehe ich, aber was geschah, nachdem Sie den Spiegel anbrachten?«

Frau S. gab mit leiser Stimme zur Antwort: »Wenn ich ganz ehrlich sein darf – das einzige, was mir auffiel, war, daß jeder,

der mich besuchte, fragte: ›Was soll dieses Ding an deiner Tür?‹«

Ergebnis

Der Berater erkannte sofort, daß dieses Heilmittel für Frau S., wie sie hier in ihrem dunkelblauen Kostüm, der weißen Spitzenbluse und dem Perlencollier vor ihm stand, völlig ungeeignet war. Im Haus sah er überall englische Stilmöbel. Er empfahl ihr daher, den Bagua-Spiegel zu entfernen und statt dessen einen polierten konvexen Türklopfer aus Messing anzubringen, der ihr schönes Haus nicht nur schützen, sondern auch noch zu ihm passen würde. Frau S. war über den eleganten neuen Beschlag an ihrer Haustür entzückt – ein Heilmittel, das zu ihrem Lebensstil und in ihre Welt paßte.

Kristalle

> Alle Heilkräfte müssen im Inneren sein, nicht außen! Die Anwendungen aus dem Äußeren müssen im Inneren eine koordinierende geistige und spirituelle Kraft wachrufen.
>
> EDGAR CAYCE

Kristalle, licht- und farbensprühend, üben auf jung und alt eine magische Anziehungskraft aus. Seit den ältesten Zeiten sind Menschen von der Welt der Mineralien fasziniert. Wir selbst sind ja aus Millionen von Kristallelementen, Mineralien, in unseren Zellen zusammengesetzt, die tief in uns genauso funkeln wie die Himmelskörper über uns. Die Faszina-

tion, die Sterne, Planeten und das Weltall auf uns ausüben, hat ihr Gegenstück in unserer inneren kosmischen Suche.
Kristalle haben eine außerordentliche Fähigkeit, Energie zu aktivieren. Diese lebenerfüllten Minerale haben sich als Bringer von Gesundheit, Macht, Glück und spiritueller Weisheit erwiesen. Die heutige Begeisterung für Mineralien ist aber durchaus nichts Neues – die meisten Kulturen haben ein tiefes Verständnis für und eine tiefe Beziehung zur Erde und ihren Elementen.
Im Feng Shui werden zwei Kategorien von Kristallen unterschieden, die beide als Heilmittel zur Aktivierung von Ch'i eingesetzt werden können. Das sind einmal die meist geschliffenen *klaren* Kristalle; ihr bekanntester Vertreter ist der Diamant – leider auch der teuerste. Diamanten sind immer mit einer bestimmten Bedeutung oder einem Zweck »aufgeladen«, etwa Liebe, Ehe oder hohen Idealen, so daß wir sie als unersetzbar erachten. Um diese kostbaren Objekte entbrannten schon Kriege, und immer rankten sich um sie Geschichten von Intrigen, Eroberung und Tod.
Wenn in alten Zeiten Könige und Königinnen in der Öffentlichkeit Kronen trugen, waren ihre Häupter oft mit einer Art wandelndem Bagua geschmückt – ihre Anwesenheit wirkte als das T'ai-chi. Wohin auch immer sie gingen, waren sie die Mitte. Die achteckige Krone mit den vielfarbigen geschliffenen Juwelen war das Symbol ihrer spirituellen Macht und Herrschaft. Der Weise oder Zauberer trug oft einen Stab, an dessen Spitze ein runder Kristall befestigt war – auch dies ein Symbol der magischen Macht über die Sterblichen, die sich hilfesuchend an ihn wandten. Heute gibt es wieder Feng-Shui-Berater, die sich wie die Zauberer alter Zeiten bei der Ausübung ihrer Aufgaben derselben alten Symbole bedienen.
Für den, der es sich leisten kann, gibt es kein wirksameres Feng-Shui-Heilmittel als einen richtig plazierten, fehlerlosen

Diamanten. Für die übrigen, die sich keine Diamanten in ihr Fenster hängen können, ist ein klarer, künstlicher Kristall eine durchaus akzeptable Alternative. Kristalle, die man auf Beistelltischen oder in Bücherregalen plaziert, haben dieselbe Wirkung.
Der Glanz, den ein Kronleuchter in der Mitte eines großen Ballsaals verbreitet, zieht uns magisch an. Das geschliffene Glas einer Tischampel läßt die Flamme im Inneren funkeln und erhellt den Raum in einer ganz besonderen Weise. Ein tränenförmiges Pendel oder ein geschliffener Ring in einem Fenster brechen das Licht und senden farbige Strahlen in das Zimmer. All dies sind Beispiele dafür, wie Kristalle Ch'i aktivieren können.
In manchen Fällen eines negativen Raums ist es wegen eines Fensters nicht möglich, einen Spiegel zu installieren. Hängen Sie dann statt dessen einen Kristall in die Mitte des Fensters. Dieser aktiviert das fehlende Ch'i und macht es in Ihrem Zimmer und in Ihrem Leben nutzbar.
Am besten nimmt man hierfür ganz oder teilweise geschliffene Glaskristalle mit symmetrischer Form (Kugeln, Rauten oder Tränen), keine Kristalle mit Schwanen- oder Pferdegestalt, die mehr Dekorationsmittel sind. Asymmetrisch geschliffene Glasobjekte können ein Ungleichgewicht erzeugen. In den meisten Fällen genügt ein kleiner Kristall, kaum größer als eine Kirsche, um die gewünschte Wirkung zu erzielen. Geschliffene Kristallkugeln in der Größe eines Tennisballs sind eher für Speisesäle mit hundert Plätzen geeignet. Noch größere Glaskristalle können dazu führen, daß die elektromagnetischen Lichtwellen so intensiv schwingen, daß Sie Glühlampen und Sicherungen auswechseln müssen, statt harmonische Energie in Ihr Schlafzimmer zu leiten.
Kleine Kristalle können auch an anderen Orten als in Fenstern angebracht werden, um die Energie in dem entspre-

chenden Haus des Bagua zu aktivieren. Auch das nur schwache Funkeln, das sie erzeugen, zieht Energie in den Bereich, wodurch auf der unbewußten Ebene Energien im zugehörigen Aspekt Ihres Lebens aktiviert werden.
Weitere Kristalle, die im Feng Shui Anwendung finden, sind diejenigen, die aus Rohmineralien wie Amethyst, Turmalin, Rosenquarz und anderen hergestellt werden. Diese organischen Mineralien haben eine bestimmte Ladung, die sich verschiedenen Organen, Stimmungen und anderen Lebenselementen zuordnen läßt. Wenn man einmal die Eigenschaften dieser wundervollen Objekte erkundet hat, regt sich vielleicht der Wunsch, sie ebenfalls zur Beeinflussung der Welt der Schwingungen zu benutzen. Sie können außerordentlich wirksam sein, weshalb sie sorgfältig und mit Achtung behandelt werden müssen. Man muß sie wöchentlich oder alle zwei Wochen in frischem, salzfreiem Wasser reinigen (Salz verursacht mikroskopische Schäden) und an der Luft trocknen lassen, am besten im Freien und an der Sonne. Über die ungewöhnlichen Eigenschaften und die richtige Pflege dieser Arten von Kristallen ist schon viel geschrieben worden. Andere Wirkungen haben nicht speziell mit der Plazierung zu tun, sondern hängen mit den inneren Eigenschaften der Kristalle zusammen, über die sich der interessierte Leser beispielsweise in der entsprechenden Literatur informieren kann.*
Kristalle, die als Schmuck getragen werden, wirken als sogenannte Transmitter auf das den Körper umgebende Schwingungsfeld. Wenn man sie ständig trägt, erzeugen sie eine bestimmte Energie und Aufladung. Bei sachgemäßem Gebrauch lernt man bald, die subtilen und doch tiefen Heileigenschaften dieser Steine zu nutzen. Wenn man ande-

---

* Vgl. etwa Katrina Raphaell: *Heilen mit Kristallen. Die therapeutische Anwendung von Kristallen und Edelsteinen*, Knaur-Tb. 4192.

rerseits nicht darüber Bescheid weiß, welche Wirkung ein bestimmtes Schmuckstück haben kann, dann erzeugt man mit einer häufig getragenen Hals- oder Armkette möglicherweise ein subtiles Ungleichgewicht. Experimentieren Sie mit Kristallschmuck, und achten Sie darauf, wie die Energie des einen Schmuckstücks Sie »auflädt«, während ein anderes Ihnen vielleicht Energie entzieht.

Kristalle und das T'ai-chi

Sie können einen Kristall in ein beliebiges der acht Häuser des Bagua legen, aber auch mehrere Kristalle in verschiedene Bereiche. Man kann sie mit guter Wirkung allein oder mit anderen Feng-Shui-Heilmitteln einsetzen; falls man jedoch einen Kristall in das T'ai-chi legt, sollte man andere Heilmittel wie zum Beispiel Spiegel oder Glockenspiele aus der unmittelbaren Umgebung entfernen, da sie weiteres Ungleichgewicht schaffen, statt ein Problem zu lösen. Wenn man monatelang erfolglos verschiedene Heilmittel versucht hat, um einen bestimmten Aspekt des Bagua zu ändern, kann man einen Kristall in das T'ai-chi legen, der das ganze Bagua ändert und es nicht wahrnehmbar dreht, wenn sich der Kristall an der Schnur bewegt. Dies ist ein sehr wirksames Heilmittel, das normalerweise eine deutliche Änderung des Ch'i in dem betreffenden Bereich und im ganzen Leben bewirkt. Man sollte das Mittel jedoch nur als letzte Zuflucht einsetzen, um ein gewünschtes Ergebnis zu erreichen.

Lichtquellen

> Das Auge gibt dem Körper Licht. Wenn dein Auge gesund ist, dann wird dein ganzer Körper hell sein.
>
> MATTHÄUS 6, 22

Das vereinheitlichende Prinzip strebt die Vereinigung von Gegensätzen an. Spirituelle Lehrer wie Lao-tzu und Jesus und heilige Schriften wie der Koran sprechen davon, daß die beiden Augen des Menschen zur Erleuchtung zu einem zusammengeführt werden müssen. Im Feng Shui ist Licht Energie, und die Hinzufügung entsprechend angeordneter Lichtquellen verändert nicht nur das Ambiente und die Stimmung eines Raums, sondern hat auch positive Wirkungen auf die zugehörigen symbolischen Aspekte des Bagua-Hauses, in dem sie angebracht werden.

Licht kann in vielerlei Weise als Heilmittel angewandt werden. Grelles Licht und Schlagschatten können eine instabile Umgebung erzeugen. Bei indirekter Beleuchtung dagegen ist die Lichtquelle verborgen, während man das von ihr erzeugte Licht so einstellen kann, daß es den Raum durchflutet. Eine solche Art von Beleuchtung ist oft wesentlich leichter zu handhaben, wobei kaum negative Wirkungen auftreten. Neuere Untersuchungen über emotionelle Störungen, die durch Lichtmangel entstanden sind, haben gezeigt, daß eine nachhaltige Heilung möglich ist, wenn man eine dunkle Umgebung aufhellt. Die heutige Beleuchtungstechnik bietet farbberichtigte Lichtquellen mit dem elektromagnetischen Spektrum des natürlichen Lichts statt der altmodischen Neonröhren, die in ungemütlichen Korridoren kalte, geisterhafte Schatten erzeugen.

Wenn man einen negativen Raum (Einbuchtung) erkannt hat,

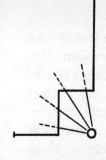
kann Licht den fehlenden Bereich wieder in das Bagua eingliedern. Dies ist jedoch nur dann möglich, wenn der Bereich außerhalb der Wohnung beziehungsweise des Büros liegt und es dem Bewohner möglich ist, ein Licht in der imaginären Ecke anzubringen, die durch den bestehenden Grundriß erzeugt wird. Der Beleuchtungskörper sollte möglichst ein gerichtetes Licht aussenden, so daß er den negativen Raum mit Licht durchflutet.

Im Beispiel der Abbildung kann ein im Freien an einer Stange oder Mauer befestigter Strahler, der auf das Haus gerichtet ist, den Bereich des Himmels ausleuchten. Dadurch werden »hilfreiche Freunde« aktiviert, das Bagua-Haus, das im vorliegenden Grundriß negativ ist.

Beleuchtungskörper am Fußboden oder an der Decke in der Nähe der Wand, die sie beleuchten, tauchen die Wand in ein helles Licht und erfüllen den Bereich wieder mit Energie.

Strahler können in wirksamer Weise zur Beleuchtung von Pflanzen, Wandteppichen, Kunstgegenständen und anderen Objekten eingesetzt werden. Indirektes Licht schafft weichere Konturen und kann ganz außerordentlich wirksam sein, wenn es darum geht, bestimmte Effekte zu erreichen.

Für die meisten Menschen gibt es kein romantischeres Licht als das von Kerzen. Am besten eignen sich hierfür weiße oder solche aus Bienenwachs; farbige erzeugen oft eine weniger harmonische Umgebung.

Jeder Bagua-Bereich, auch wenn es kein negativer ist, profitiert von Licht. Wenn man einen bestimmten Bereich aktivieren oder aufladen will, stellt man eine Boden- oder Tischlampe in dem Haus des Bagua auf, das man »heilen« möchte, insbesondere wenn hier offenbar ein wenig strahlende Energie notwendig ist.

Helle Objekte

Spiegel, Kristalle und Lichtquellen sind helle Objekte, mit deren Hilfe positive, aktive Energie zugeführt wird. Aber auch kleine Gegenstände mit spiegelnder Wirkung können die Schönheit eines künstlerischen Entwurfs, die weichere Natur von Stoff im Gegensatz zu Glas oder Metall hervorheben und die Wirkung von Farben erheblich steigern. Solche Objekte können moderne oder traditionelle Bildteppiche mit kleinen, eingewobenen Scheiben oder Pailletten sein oder Wandbehänge oder Collagen mit glitzernden Fäden, Folien oder Glitzerstaub. Funkelnde Objekte dieser Art an einer Wand können ein wirksames Heilmittel für negativen Raum sein und zur Aktivierung von Energie in einem bestimmten Haus des Bagua eingesetzt werden. Sogar eine Farb- oder Schwarzweißfotografie eines mächtigen Wasserfalls beziehungsweise eines glitzernden Bergbachs kann wie ein helles, Ch'i aktivierendes Objekt wirken.

Glockenspiele

Wenn man einmal verstanden hat, daß die richtige Plazierung jedes Objekts in einer Umgebung Auswirkungen auf die Welt der Schwingungen hat, dann muß man auch die wichtige Rolle berücksichtigen, die Schallwellen beim Feng Shui spielen können. Als eines der klassischen Heilmittel dient ein Glockenspiel zur Änderung oder Umlenkung des Ch'i-Stroms und zur Markierung eines Punkts, an dem sehr unterschiedliche Energien zusammenlaufen. So werden zum Beispiel Glockenspiele oft über den Haupteingang eines Geschäfts oder Restaurants gehängt. Dies erfüllt nicht nur den Zweck, einen Besucher anzukündigen. Der Luftstrom erzeugt eine hörbare Reaktion, die dem Vorübergehenden in subtiler Weise deutlich macht: »Du verläßt jetzt das Getriebe und den Lärm der Stadt und betrittst das ruhige Ambiente unseres schönen Lokals: Dämpfe deine Stimme, und passe deine Energie entsprechend an.« Glockenspiele zwischen der Küche und dem Eßraum eines Restaurants oder einer Wohnung scheiden in derselben Weise zwei unterschiedliche Energien voneinander.

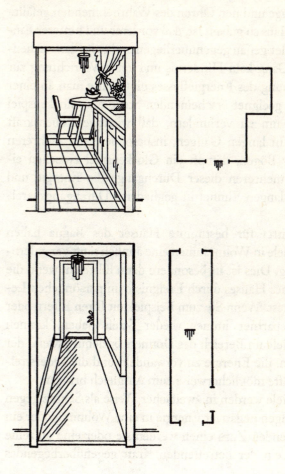

Glockenspiele gibt es in einer großen Fülle unterschiedlicher Formen, Größen und Materialien sowie in unterschiedlicher Tonhöhe und Stimmung. Weil Schallwellen in jedem Menschen eine andere »Resonanz« erzeugen, sollte man ein Glockenspiel vor dem Kauf unbedingt zuerst anhören. Seien Sie daher vorsichtig mit einer Bestellung per Post – es sieht vielleicht viel hübscher aus, als es klingt. Das richtige für Ihre Wohnung ist dasjenige, das für Sie schön klingt. Schön ist das, was dem Auge und den Ohren des Wahrnehmenden gefällt.

Wenn ein Haus so gebaut ist, daß vorderer und hinterer Eingang einander genau gegenüberliegen und es im dazwischenliegenden Gang kein Hindernis und keine Vorrichtung zur Unterbrechung des Energieflusses gibt, sollte man an einer beliebigen, geeignet erscheinenden Stelle ein Glockenspiel anbringen, um zu verhindern, daß wichtige Lebenskraft entweicht. In langen Gängen, insbesondere mit mehreren Türen oder Bögen, dämpft ein Glockenspiel zwischen einem oder mehreren dieser Durchgänge die Energie und teilt einen langen Tunnel in gegliederte Durchgangsbereiche.

Als Heilmittel für bestimmte Häuser des Bagua haben Glockenspiele in Wohnräumen eine ähnlich sanft verändernde Wirkung. Dies ist insbesondere dann hilfreich, wenn die Energie eines Hauses durch Ereignisse im persönlichen Leben gestört ist. Wenn Sie zum Beispiel mit Ihren Eltern oder Ihrem Ehepartner immer wieder Streit haben, können Glockenspiele im Bereich des Donners beziehungsweise der Erde helfen, die Energie zu verwandeln und die widerstreitenden Kräfte möglicherweise zum Ausgleich bringen.

Glockenspiele werden in zweifacher Weise als Schutz gegen das Eindringen negativer Energie in eine Wohnung oder ein Büro verwendet. Zum einen werden sie oder eine einzelne Glocke in ein der betreffenden Kraft gegenüberliegendes

Fenster gehängt, wodurch die Bewohner die ankommende Energie in anderer Weise empfangen. Anders als die runde, silberglänzende Kugel, die Energie zurückwirft und zerstreut, verwandelt ein in dieser Weise verwendetes Glockenspiel die Energie und verringert ihre Schädlichkeit, ohne sie vollständig auszulöschen. Eine solche Plazierung wäre zum Beispiel dann ideal, wenn ein Nachbar manchmal laute Musik laufen läßt oder es in einer nahe gelegenen Bar oder Diskothek laut zugeht. Diese Energien sind natürlich und lebendig, wenn auch lästig, weshalb es angemessener ist, sie mit einem Glockenspiel zu dämpfen, statt sie mit einer silbernen Kugel ganz zurückzuweisen.

Weitere Geräusche, Lärm

Geräusche wie dasjenige einer Aufzugtür, die zu lange offengehalten wurde, erzeugen eine unharmonische Energie, die das Nervensystem irritiert. Manche Wecker sind genau aus diesem Grund so wirksam: Man hat den Drang, dieses Geräusch so schnell wie möglich abzustellen.
Wie man weiß, ist Musik eine wirksame Möglichkeit, Verhalten zu verändern, und man kann sie wie Glockenspiele und Glocken als Element betrachten, das die Schwingungswelt des Raums verändert. Wenn die Auseinandersetzungen mit den Eltern oder älteren Menschen nicht aufhören und die Stereoanlage in Ihrer Wohnung im Bereich des Donners steht, dann könnte es zum Beispiel sehr viel hilfreicher sein, statt aggressiver Rockmusik friedlichere Weisen laufen zu lassen, statt dort ein Glockenspiel aufzuhängen. Feng Shui ist eine Möglichkeit, Dinge zu untersuchen, die auf unsere Sinne einwirken, weshalb es ebenso unerläßlich ist, sich der Bedeutung der Musik und des Elements des Geräusches bewußt zu

werden, wie die Welt der Farben und des Lichts zu harmonisieren.

Hoch- und niederfrequente Schwingungen, die man meist erst wahrnimmt, wenn sie aufhören, können in einer Wohnung oder einem Büro erheblichen Streß und Irritationen verursachen. Die meisten Hintergrundgeräusche stammen von elektronischen Geräten, Lüftern und Haushaltsgeräten. Die Kompressoren von Kühlschränken schalten sich täglich über ein dutzendmal ein; Aufzüge brummen, Heizungspumpen rumoren, und Computer summen unbeachtet, bis uns beim Abschalten die plötzliche Stille auffällt.

Geräuscherzeuger, die fließendes Wasser und andere natürliche Klänge imitieren, überdecken diese Störgeräusche, ohne sie ganz ausschalten zu können. Sie können mit weichen Stoffen wie zum Beispiel Wandteppichen oder Grünpflanzen gedämpft werden, die diese unnatürlichen Energien schlucken und harmonisieren. Während die Wirkungen von schädlichen Strahlen gut dokumentiert sind, beginnt man erst allmählich zu verstehen, wie gesundheitsschädigend das ständige Vorhandensein von extremen Schallwellen sein kann.

Pflanzen

Es gibt keine bessere Möglichkeit zur Harmonisierung der äußeren und inneren Umwelt, als Pflanzen in die Innenraumgestaltung einzubeziehen. Dabei spielen Form, Symbolik und Lichtverhältnisse wie auch die Farbe eine Rolle für die Auswahl des geeigneten Gewächses. Grundsätzlich erzeugen praktisch alle Grünpflanzen in einem Raum günstige Energie und helfen, die Aktivität in dem zugehörigen Haus des Bagua anzuregen. Die wenigen Ausnahmen sind kulturspezifisch. Die Überzeugungen und Vorlieben der Bewohner muß man

respektieren. Wenn man dies nicht beachtet, kann es zu einer Kollision der alten chinesischen Empfehlungen mit den Tabus anderer Kulturen kommen (siehe die Fallgeschichte im folgenden Abschnitt).
Wenn Sie Pflanzen einsetzen möchten, sollten Sie die nachstehend aufgeführten Gesichtspunkte beachten:

- Kletterpflanzen wie Efeu und wilden Wein muß man gut unter Kontrolle behalten, da die Nachbarn diese Pflanzen eher als Eindringlinge denn als willkommene Gestaltungselemente betrachten könnten.
- Die spitzen Blätter von Palmen und Wüstenpflanzen brauchen viel Raum, damit ihre schneidende Energie nicht die Psyche von Menschen »durchbohrt«, die in der Nähe in einem Stuhl oder auf einer Couch sitzen.
- In engen Bereichen erzeugen Pflanzen mit gerundeten Blättern weniger schneidendes Ch'i, das leichtes Mißbefinden hervorrufen kann.
- Meiden Sie Kakteen in beengten Bereichen; sie wachsen in der Weite der Wüste und sind daher für enge Winkel ungeeignet. Ihre Stacheln erzeugen bei Personen in ihrer Nähe unbewußte Ängste.
- Trockenblumengestecke sind nur für bestimmte Jahreszeiten gedacht und sollten im Frühjahr und Sommer entfernt werden.
- Kunststoff- und andere künstliche Pflanzen sind zu vermeiden, es sei denn, es gibt wirklich keine Alternative. In solchen Fällen, wenn zum Beispiel keine ausreichende Beleuchtung vorhanden ist oder die Bewohner gegen lebendige Pflanzen allergisch sind, muß der künstliche Ersatz von höchster Qualität sein und »außer Reichweite« angeordnet werden.
- Gesunde Pflanzen wirken äußerst günstig in Bagua-Häu-

sern, in denen eine Stärkung oder Kräftigung erwünscht ist. Man muß sich allerdings gut um sie kümmern, denn wenn sie welken, können sie eine Verschlechterung bewirken. Größere Pflanzen haben mehr Ch'i.

Eine schöne Topfpflanze oder eine Hängeampel kann eine sehr geschäftige Umgebung friedlicher machen, indem sie Sauerstoff und negative Ionen erzeugt. Als Ausdruck der Dankbarkeit oder Freundschaft sind eine schöne Pflanze oder frische Schnittblumen ein positiveres Geschenk als eine Schachtel Pralinen!

Eine Fallgeschichte

Problem

Frau H., die Gattin eines griechischen Industriellen, wollte ihren herrschaftlichen Sitz außerhalb von Athen renovieren lassen. Sie hatte von Feng Shui gehört und nahm Kontakt mit einem Meister in Hongkong auf, dem sie die vollständigen Pläne schickte. Nachdem sie sie zurückerhalten hatte, wies sie ihren Verwalter und ihre Gärtner an, die Anweisungen des Experten genau auszuführen, die unter anderem die Pflanzung einer Reihe von Gummibäumen zwischen dem Haupthaus und einem spiegelnden Teich zum Inhalt hatten. In der darauffolgenden Woche kündigte ihr gesamtes Personal, und zu ihrem ungläubigen Erstaunen mußte ein großes Fest, das sie geben wollte, abgesagt werden – nicht nur weil sie kein Personal mehr hatte, sondern auch weil viele Gäste »in letzter Minute anders disponieren mußten«.

Lösung

Frau H. zog einen Berater für intuitives Feng Shui hinzu, der die Pläne durchsah. Weil er den Verdacht hatte, daß die Pflanzen verschiedene kulturspezifische Bedeutungen haben könnten, wandte er sich an einen Freund, der mit der griechischen Kultur vertraut war. Von diesem erfuhr er, daß »Gummibäume Unglück bringen« – eine Überzeugung, die in genauem Gegensatz zur chinesischen Auffassung steht, derzufolge diese Pflanzen glückbringend sind. Als Frau H. der Sache weiter nachging, stellte sie fest, daß ihr Verwalter ihr dies aus Respekt verschwiegen hatte, während seine Mitarbeiter voller Schrecken daran dachten, was geschähe, wenn die Gummibäume eingepflanzt würden. Darüber hinaus waren die Mitarbeiter der Baumschule, in der die Pflanzen bestellt worden waren, über diesen Auftrag von einer so angesehenen Familie entsetzt und begannen darüber zu klatschen, in welche Schwierigkeiten der Haushalt zweifellos geraten müsse. Die Gärtner von anderen Haushalten hörten diese schlimme Geschichte, übertrieben sie ins Maßlose und erzählten es ihren Arbeitgebern. Bald kursierten erfundene Geschichten über schwere Unglücke, und einer nach dem anderen sagte sein Kommen ab, um sich kein Unheil zuzuziehen.

Ergebnis

Frau H. rief ihre ehemaligen Angestellten zurück und erklärte ihnen, was geschehen war. Die Pflanzen wurden entfernt und durch blühende Büsche ersetzt, die Frieden symbolisierten. Diese Korrektur wurde wiederum dem »Klatschtelefon« anvertraut, und einen Monat später stieg ein großartiges Fest mit vollzähligem Personal und allen Geladenen.

Wasser

Wasser ist als die wörtliche und symbolische Quelle des Lebens ein Schlüsselelement im Feng Shui. Unsere Entwicklung begann im Salzwasser, und unser Dasein vor der Existenz an der Luft hing von der Qualität der Wasserumgebung im Schoß unserer Mutter ab. In diesem ganzen Buch wird eigentlich immer nur die Symbolik des Wassers erkundet; es ist von größter Wichtigkeit, daß das Wasser als Gestaltungselement oder als Feng-Shui-Heilmittel gut verstanden wird.
Wasser ist Leben und muß uns ohne Behinderung entgegenfließen können.
In den frühen Kulturen, in denen man sich der Bedeutung des Standorts und der Lebensnotwendigkeit des Wassers noch mehr bewußt war, wurden Häuser in der Nähe guter Wasserquellen gebaut, und zwar so, daß der Vordereingang sich in Richtung des heranströmenden Wassers öffnete. Dadurch konnten unterirdische Energien sowie die in der Schwingungswelt vorhandenen Energien den Bewohnern Glück und Lebenskraft bringen. Zur Vermehrung dieser Energie oder um sie im Falle ihres Fehlens überhaupt zu erzeugen, plazierten Ladenbesitzer oft einen kleinen Brunnen in der Nähe des Eingangs, dessen Wasser in dieselbe Richtung floß wie der Zugang, der zum Geschäft oder Wohnhaus hinführte. Eine solche Anordnung findet man auch heute noch oft im Eingang von östlichen Restaurants.
Im klassischen Feng Shui symbolisiert Wasser auch Vermögen. Oft werden in Geschäften oder Restaurants Aquarien in der Nähe der Kasse aufgestellt, um den Reichtum zu mehren. Klares, stilles Wasser kann zum Ausgleich von Negativität dienen, wenn Verunsicherung und Anspannung bestehen. Wasser kann als die dem Feuer entgegengesetzte Energie als Heilmittel eingesetzt werden, wenn eine Umgebung auf-

grund eines Konfliktes zwischen Menschen oder Gestaltungselementen zu stark aufgeladen wird. Die kühle, passive Natur des Wassers neutralisiert überschüssige Feuerenergie.

Andererseits kann Wasser aber auch Energie aktivieren, wenn man zum Beispiel einen kleinen Brunnen oder eine Wasserskulptur aufstellt. Dies ist in jedem Haus des Bagua möglich. Ein sprudelndes Aquarium mit Goldfischen ist ein Beispiel für ein »doppeltes Heilmittel«, das die Symbolik des im Behältnis vorhandenen Vermögens mit der Aktivität verbindet, die sich in den lebendigen Fischen ausdrückt.

Auch das Geräusch von fließendem Wasser kann, wie Untersuchungen gezeigt haben, in unserem Unterbewußtsein kühlend wirken und in einer zu warmen Umgebung hilfreich sein. Dies ist ein weiteres Beispiel dafür, wie überschüssiges Feuer durch Wasser neutralisiert wird.

Die Plazierung eines Vogelbads im Garten ist insbesondere dann, wenn der Bereich ein negativer (fehlender) Raum ist, eine weitere Möglichkeit, die fehlende Energie zu aktivieren. Wenn es allerdings nicht gut gepflegt wird und das Wasser verschmutzt oder voller Laub ist, kann das »Heilmittel« Stagnation und Verunsicherung bewirken. Aus demselben Grund muß man solcherlei Installationen auch im Inneren des Hauses stets sauberhalten. In der nordöstlichen Ecke eines Hauses sind Wasserplazierungen jeglicher Art zu vermeiden.

Tiere

Hunde, Katzen, Vögel und andere Tiere, die im Haus oder am Arbeitsplatz gehalten werden, bringen eine ganz spezielle Energie mit sich, die eng von den individuellen Wahrnehmungen abhängt. Der »beste Freund« des einen kann für den anderen ein stinkendes Ärgernis sein. Besucher nehmen vielleicht an einem schönen, seltenen Papagei nur einen üblen Geruch wahr. Schauen Sie noch einmal im Arbeitsblatt »Erste Eindrücke« zum sechsten Kapitel (siehe Anhang) nach, was anderen Menschen ins Auge fällt und von Ihnen selbst vielleicht übersehen wird.

Achten Sie auf die Symbolik der Tiere in Ihrem Haus. Wenn Sie keinen Partner finden können und das Lieblingskissen Ihres Hundes in der Ecke des Bereichs Erde liegt, dann müssen Sie vielleicht für »Fiffi« ein anderes Plätzchen suchen. Tiere haben ein außerordentliches Gespür für Schwingungen und suchen gute Energie auf, auch wenn sie unsichtbar ist. Wenn ein Hund oder eine Katze draußen einen Platz zum Schlafen sucht, dann strebt das Tier nicht zur behaglichsten Stelle, sondern zu derjenigen, an der gutes Ch'i aus der Erde strömt. Mäuse, die ein Schiff im Hafen verlassen oder plötzlich aus keinem erkennbaren Grund aus einem Haus fliehen, spüren drohende Gefahr. Schon oft ereignete sich nach ihrem Auszug ein schweres Unglück.

Haustiere sollen nicht durch symbolische Feng-Shui-Heilmittel »ersetzt« werden. Man muß lediglich bei ihrem Platz in der Wohnung oder im Büro die Ebene der Schwingungen, die Symbolik des Tiers und schließlich auch die praktische Seite in Erwägung ziehen.

Kunst

Wenn es für die Auswahl von Kunstgegenständen für Wohnung und Büro einen Grundsatz gibt, dann muß er lauten: »Ich verstehe nichts von Kunst, aber ich weiß, was mir gefällt.« Ob Sie eine abstrakte »Blume« von Ihrem Vierjährigen oder eine Vase mit Sonnenblumen von van Gogh an die Wand hängen – das Kunstwerk, das Sie auswählen, beeinflußt die Energie und Ästhetik des Ortes. Falls Sie ein schönes Bild von einem Stierkämpfer im Bereich des Donners anbringen, dann sollten Sie sich nicht wundern, wenn Sie Streit mit Ihren Eltern bekommen; wollen Sie umgekehrt die Energie von Beziehungen und Ehe stärken, wie sie im Bagua vom Haus Erde symbolisiert wird, plazieren Sie dort am besten Kunstwerke, die Paare von Objekten, Menschen oder etwas ästhetisch Ansprechendes symbolisieren. Nehmen Sie den einzelnen Kerzenständer oder das Foto des einsamen Wanderers am Strand aus dem Haus der Erde, wie schön beides auch sein mag. Kunst ist äußerer Ausdruck unserer inneren Welt.

Die visuelle Energie von Kunstwerken kann eine sehr nachhaltige Wirkung darauf haben, wie man eine Umgebung wahrnimmt. Wenn man von Bildern fliegender Vögel, Heißluftballons oder Drachen und von schlanken Palmen umgeben ist, zieht dies das eigene Ch'i nach oben. Ölgemälde mit Landschaften und Meeresmotiven vermehren das Ch'i in einem Raum. Ein Stilleben oder Porträt ist die bessere Wahl, wenn »Tiefe« verinnerlicht werden soll. Abstrakte und modernistische Stücke ohne Mittelpunkt erzeugen eine Umgebung, in der es den Bewohnern möglicherweise schwerfällt, Dinge zu vollenden.

Holz- und Metallskulpturen können zart oder massiv wirken, weshalb bei der Auswahl genau auf ihre Symbolik zu achten ist. Spitz zulaufende Teile können schneidendes Ch'i erzeugen und müssen entsprechend plaziert werden. Die Glattheit der Flächen, Komplexität der Strukturen, Feinheit der Ausarbeitung und andere Merkmale haben Einfluß darauf, wie man ein Kunstwerk in bezug auf sein eigenes Leben wahrnimmt.

Wie Farben von Kunstwerken auf die innere und äußere Umgebung wirken, wird im zwölften Kapitel ausführlicher behandelt.

Feste und schwere Objekte

Wenn man sich nur auf den Gesichtssinn verläßt, versäumt man es möglicherweise, auch seine anderen Sinne zu schärfen. Es gibt nicht wenige Musiker oder andere Menschen mit einem hochentwickelten Gehörsinn, die schlecht sehen oder überhaupt blind sind. Viele der größten Komponisten der Welt waren blind, und ebenso gibt es eine überproportional hohe Zahl blinder Klavierstimmer. Wenn einem Sehenden eine Augenbinde umgelegt wird, muß er lernen, mit den anderen Sinnen zu »sehen«, um in ganz natürlicher Weise den Ausfall des Augenlichts auszugleichen.

Feste Objekte in der Umgebung bringen Energien nach unten und innen. Als Heilmittel in einem bestimmten Haus des Bagua »erdet« eine feste oder schwere Masse etwas, was derzeit geschieht, und stabilisiert eine unsichere Situation. Wenn Ihr Arbeitsplatz auf dem Spiel steht oder Ihre Beziehung »wackelt«, dann kann es hilfreich sein, einen wuchtigen Lehnsessel in den Bereich von Wasser und Erde zu stellen. Wenn umgekehrt etwas im eigenen Leben festgefahren und unverrückbar wie ein schwerer Felsen ist, sollten Sie prüfen, ob in Ihrer Wohnung beziehungsweise Ihrem Büro schwere Objekte etwas mit dieser Situation zu tun haben könnten.

Masse erzeugt Wellen in der Schwingungswelt. Wenn man mit einer Augenbinde in einem Raum steht, kann man trotzdem den Unterschied zwischen einem massigen Objekt wie zum Beispiel einem massiven Metallblock in der Größe eines Klaviers und einem leichten, luftigen Gegenstand wie einem Weidenkorb voller Federn wahrnehmen. Obwohl beides den-

selben Raum einnimmt, ist die Energie, die sie in Form von Wellen um ihre physische Form erzeugen, völlig anders.
Vor allem diese unsichtbare Welt der Schwingungen sagt uns, daß feste, schwere Dinge eben das sind, was sie sind. Dann verarbeiten wir mittels unseres Gesichtssinns das als richtig Erkannte und vertiefen unsere Erfahrung des Gewichts, der Dichte und anderer Qualitäten, indem wir uns auf unsere bisherigen Erfahrungen stützen.
Führen Sie einmal die nachfolgende Übung durch, um sich darin zu schulen, Schwingungen wahrzunehmen, ohne sich auf den Gesichtssinn abzustützen.

Sinnesübung

Diese Übung hat den Zweck, die angeborenen Fähigkeiten wiederzugewinnen, mit denen wir die Welt der Schwingungen ohne Zuhilfenahme des Gesichtssinns wahrnehmen.
Gehen Sie mit einem Freund in ein großes Museum, und nehmen Sie eine Augenbinde mit, die Ihre Augen vollkommen bedeckt. Nehmen Sie Notizblock und Bleistift mit, um die Ergebnisse festzuhalten. Legen Sie im Museum die Augenbinde an, bevor Sie noch einen der Säle betreten, und lassen Sie sich von Ihrem Freund führen. Verwenden Sie die nachfolgende Liste von Gegensätzen als Checkliste:

___ Fest, schwer ___ Hohl, leicht
___ (Nach)oben ___ (Nach)unten
___ Lebendige ___ Elektrische
    Schwingungen   Schwingungen
___ Blockiert ___ Unbehindert
___ Ecke ___ Offen

Bitten Sie Ihren »Führer«, Sie an verschiedene Orte mit unterschiedlicher Energie zu führen. Für diesen Test braucht keine bestimmte Reihenfolge eingehalten zu werden. So könnte er Sie zum Beispiel in die Mitte eines Raums führen, wo Sie nichts vor sich haben, und Sie bitten, dies zu erspüren. Dann könnte er Sie einen Meter vor eine große Marmor- oder Bronzeskulptur stellen und Sie bitten, auch dies zu erspüren, ohne Ihnen irgendeinen Hinweis zu geben. Gehen Sie dann zu einem Blumenarrangement in der Vorhalle oder zu einer großen Pflanze, und lassen Sie sich anschließend vor die Tür eines Aufzugs oder einen elektrischen Schaltkasten stellen, und spüren Sie die Energie in der Umgebung.

Lassen Sie sich als nächstes zur ersten Stufe einer Treppe bringen. Die Energie, welche die Treppen »hinauffließt«, fühlt sich deutlich anders an als diejenige, die »hinabfließt«. Dies wissen Sie aber nur durch Ihre optische Wahrnehmung, nicht durch Ihre anderen Sinne.

Lassen Sie sich schließlich an eine Ecke führen, an der zwei feste, weiße Mauern aneinander grenzen. Dann könnte er Sie vor ein offenes Fenster oder einen Balkon stellen, wo Sie nichts als den freien Raum vor sich haben.

Es kann einige Zeiten dauern, bis Sie die Sinne geschärft haben, weshalb Sie nicht mutlos werden sollten, wenn es Ihnen zunächst schwerfällt, oben von unten und schwer von leicht zu unterscheiden. Wenn Ihre innere und äußere Umwelt klarer wird, werden Sie überrascht sein, wie einfach es ist, Dinge zu erspüren, von denen Sie bisher glaubten, man könne sie nur sehen.

11 Wie geht es mir?

Unterschätzen Sie die Wirkungen nicht, die bei der Ausübung von Feng Shui auftreten können. Die nachfolgende Geschichte kann Sie mahnen, die unsichtbare Welt, die durch die Anbringung von Heilmitteln in Ihrer Umgebung beeinflußt wird, sorgfältig und mit großer Hochachtung zu erkunden.

Zu Beginn eines Feng-Shui-Fortgeschrittenenkurses wurden die Teilnehmer gebeten, ihre bisherigen Erfahrungen untereinander auszutauschen. Man hörte erstaunliche Geschichten über neue Liebesbeziehungen, Stellenangebote, Versöhnung in der Familie und eine Verbesserung der Vermögenslage. Die meisten Schüler waren nach dem drei Monate davor abgehaltenen Einführungskurs nach Hause gegangen und hatten ihr Leben anhand des Gelernten verwandelt. Ein Mann dagegen, der deutlich von all den Erfolgen der anderen irritiert war, stand auf und berichtete von einer ganz anderen Erfahrung, welche die Gruppe schockierte: »Das Einführungswochenende begeisterte mich so, daß ich gleich nach Hause ging und eine Vielzahl von Änderungen vornahm. In der darauffolgenden Woche brach ein Unglück nach dem anderen über mich herein. Ich änderte die Heilmittel, aber mir stießen immer wieder Dinge zu, die offenbar mit meinen Maßnahmen zu tun hatten. Eines meiner Kinder stürzte die Treppe hinab und brach sich den Arm; der Kompressor unseres Kühlschranks lief heiß und mußte mit hohen Kosten ersetzt werden; meine Frau hatte eine kurze Affäre, ich verlor meine Stelle, und in meiner Werkstatt brach ein kleiner Brand aus. Ich bin zu diesem Fortsetzungskurs gekommen, um zu erfahren, was ich falsch gemacht habe – und um wieder ein normales Leben führen zu können!«

Die anderen Teilnehmer fragten ihn erstaunt, welche Veränderungen er denn vorgenommen habe. Er berichtete nun von einer Vielzahl von Maßnahmen, daß er zum Beispiel Kristalle ans Fenster gehängt, Spiegel und Glockenspiele angebracht, die Wände gestrichen, Möbel verrückt, Kunstgegenstände ersetzt und selbsterfundene Heilmittel installiert hatte. Er räumte ein, daß er weder den Raum gereinigt noch auf die Visualisierungen geachtet habe, aber dies konnte nicht der Grund für sein Unglück gewesen sein.

Ein Schüler stellte schließlich die entscheidende Frage: »Wo lagen denn Ihre Probleme?«

»Das ist es eben«, antwortete er. »Es war alles bestens! Ich hatte eine gute Stelle, eine glückliche Ehe, gesunde Kinder, ein gutes Einkommen. Ich glaubte, es könnte noch besser werden!«

Eine ältere Teilnehmerin sprang daraufhin auf und rief: »Wo nichts kaputt ist, muß man auch nichts reparieren!«

Dieser Mann verwandelte Erfolg und Glück in ihr Gegenteil, Mißerfolg und Unglück. Ein oder zwei sorgfältig plazierte Heilmittel können auch im glücklichsten, erfolgreichsten Leben Verbesserungen bewirken. Aber seien Sie zurückhaltend, wenn Sie das, was Sie erreichen wollen, eigentlich schon erreicht haben. Feng Shui kann wie viele andere Praktiken nachdrückliche Wirkungen haben, wenn man unbedacht und ohne Achtung vor der unsichtbaren Welt der Schwingungen damit umgeht.

Prüfen, was Sie bisher getan haben

Hier ist die im vierten Kapitel besprochene Prioritätenliste sehr hilfreich. Halten Sie sich diese Prioritäten klar vor Augen, wenn Sie in bestimmten Bereichen Ihres Lebens etwas ändern wollen. Seien Sie zum Beispiel nicht geldgierig, wenn Sie ein schönes Einkommen haben, aber einfach noch mehr wollen. Beachten Sie ebenso die Möglichkeit, daß Veränderungen in einem Bereich, in dem es große Schwierigkeiten gibt, auch Verbesserungen in ganz anderen Zusammenhängen Ihres Lebens bewirken können. Falls Sie zum Beispiel eine gute Beziehung aufbauen können, die in eine Heirat mündet, könnte dies zugleich Ihr Einkommen verdoppeln.

Wenn Sie im ganzen Haus Spiegel oder Kristalle aufhängen, kann dies Veränderungen bewirken, aber es wird sehr schwierig sein, die Ursache der Heilung festzustellen. Gehen Sie lieber langsam vor, und bringen Sie jeweils nur ein oder zwei Heilmittel an. Dadurch bleibt es für Sie einfacher, die Ursachen bestimmter Ereignisse festzustellen. Wenn Sie dann einen Fehler machen und ein Heilmittel falsch anbringen, könnte ein kleineres Problem entstehen, das Ihnen einen Hinweis auf den Fehler geben kann. Wenn ein Spiegel überhaupt am falschen Ort angebracht wurde, wird dies keine große Katastrophe auslösen, aber es ist auch unwahrscheinlich, daß sich etwas bessern wird.

Wirkt es? Wie man Veränderungen der Energie feststellt

Kleinere Verbesserungen sollten fast unmittelbar offenkundig werden, spätestens jedoch nach einem Mondumlauf, das heißt nach etwa dreißig Tagen. Prüfen Sie zu diesem Zeitpunkt, was Ihnen aufgefallen ist. Wurde eines Ihrer Gedichte veröffentlicht, nachdem Sie eine Pflanze in den Bereich Wasser gestellt hatten? Wurden Sie nach der Plazierung eines Kristalls im Haus des Sees schwanger? Konnten Sie eine »Mauer« in Ihrer Beziehung mit dem Vater überwinden, weil Sie zuvor einen Spiegel an der Wand zum negativen (fehlenden) Raum des Donners angebracht hatten? Denken Sie darüber nach, wie sich Ihr Leben verändert hat.

Gehen Sie in den Monaten nach Ihren ersten Erfolgen weiterhin nach und nach die Prioritätenliste bis zum Ende durch. Bringen Sie in jedem Haus des Bagua, in dem Sie Schwierigkeiten, Ungleichgewichte oder Probleme in Ihrem Leben und Umfeld festgestellt haben, ein Heilmittel oder eine Veränderung an. Richten Sie Ihre Aufmerksamkeit auf alle Bereiche, die Sie mit B, C oder D bewertet haben, und beginnen Sie mit den größten Aufgaben.

Wenn es schlechter wird

Eines der Grundgesetze des vereinheitlichenden Prinzips lautet, daß am Extrempunkt alles in sein Gegenteil umschlägt. Ein Ballon dehnt sich so lange aus, bis er platzt. Die Macht eines Landes nimmt immer mehr zu, bis es untergeht. Wenn man am Ende eines langen Zyklus des Wandels angelangt ist, wird manches vielleicht schlechter, bis alles wieder besser wird.

Sofern Sie sicher sind, daß die durchgeführten Veränderungen richtig waren und Sie die Einhaltung der Anleitungen in den vorangegangenen Kapiteln überprüft und nochmals überprüft haben, sollten Sie ein Heilmittel nicht sofort entfernen, wenn etwas anfänglich schlechter zu werden scheint. Das Schreiben mit der Absage wird in der Rückschau weniger

unerfreulich erscheinen, wenn der nächste Verlag Ihre Gedichte akzeptiert und Ihnen einen sehr guten Vertrag anbietet. Ein Schiff zu verpassen, das dann untergeht, ist für einen selbst ein großes Glück, auch wenn man das zunächst nicht so sieht.
Sofern nach einiger Zeit trotz Ihrer Bemühungen keine Besserung eintritt, sollten Sie einen Blick nach innen werfen. Die Antworten auf chronische Probleme liegen meist auf der Hand, und doch übersieht man sie so leicht. Fast immer ist es eher etwas ganz Einfaches als etwas unglaublich Komplexes. Der folgende Teil des Buches wird Ihr Verständnis für das Feng Shui und die vielen damit zusammenhängenden Übungsbereiche vertiefen, die Ihr Leben verändern können. Geben Sie nicht so schnell auf – Ihre Beziehung zu Ihrer Umwelt kann auf vielen verschiedenen Ebenen betrachtet werden.

Das Vorgängergesetz

Eines der wichtigsten Prinzipien für das Verständnis des Feng Shui ist das Vorgängergesetz: Die in einem Raum zurückbleibende allgemeine Schwingung von Menschen, die vor Ihnen dort lebten, hat einen maßgeblichen Einfluß auf die weiteren Ereignisse. Die üblichen Heilmittel und das gewöhnliche Studium des Bagua reichen nicht aus, um hieran etwas zu ändern.
Wenn man in ein Haus einzieht, dessen Vorbesitzer sich scheiden ließen, und das Paar, das vor diesen dort lebte, ständig Streit miteinander hatte, dann ist die Wahrscheinlichkeit, daß Sie selbst mit Ihrem Partner Probleme bekommen werden, überproportional größer, als eigentlich zu erwarten wäre. Wenn die Firma, die vor Ihnen die Büroräume gemietet hatte,

in denen Sie jetzt arbeiten, schwere finanzielle Probleme hatte, die schließlich in den Konkurs führten, dann ist diese Energie noch an diesem Ort vorhanden und könnte Ihren eigenen geschäftlichen Erfolg gefährden.
Sofern dagegen der Vormieter des Geschäfts, in das Sie einziehen wollen, eine aufstrebende Firma war, die wegen ihres Erfolgs größere Räumlichkeiten brauchte, ist in diesen Räumen eine Energie zurückgeblieben, die auch Ihren Erfolg begünstigen kann. Und wenn Sie als Frischvermählte ein Haus finden, in dem ein Paar zwanzig Jahre lang glücklich mit zwei Kindern lebte, bis diese von der Schule abgingen, dann sollten Sie es kaufen: Gemäß dem Vorgängergesetz ist dies eine ideale Umgebung für die Gründung einer glücklichen Familie.
Im nächsten Kapitel, in dem von der Steuerung des Ch'i die Rede sein wird, werden Sie erfahren, welche Kräfte in Ihrem Leben vorhanden sind und wie diese die Energie einer Umgebung ändern können. Viele Hausbesitzer stellen oft fest, auch ohne etwas davon zu ahnen, daß Ereignisse in ihrem Leben eine Wiederholung von Geschehnissen sind, die Jahre oder sogar Jahrzehnte vor ihrem Einzug hier eintraten. Die meisten Ereignisse lassen sich an der Bauweise des Hauses deutlich ablesen. Negativer Raum im Bereich Erde erzeugt, falls man ihn nicht behebt, einen Mangel an Energie, die für die Schaffung und Aufrechterhaltung harmonischer Beziehungen notwendig ist. Eine Toilette im Bereich Wind führt zu einem Verlust der Vermögensenergie, der zu erheblichen finanziellen Schwierigkeiten führen kann. Mit anderen Worten, es könnte sein, daß Sie Ihr Geld in den Kanal spülen ...
Geschichten über Spukhäuser und Dachbodengespenster sind mit Feng Shui leicht zu erklären. Ebenso sind Berichte über Schutzengel oder Häuser mit guten Schwingungen Beispiele für harmonische Umgebungen mit einem glückbringenden Feng Shui. Feng Shui, ebensosehr ein Studium der

unsichtbaren Welt der Schwingungen wie auch der physischen Welt der Strukturen, muß für jede Umgebung sorgfältig erkundet werden. Wenn man Probleme entdeckt, die mit den Vorgängern zusammenhängen, gibt es immer Möglichkeiten, das Ungleichgewicht zu beseitigen.

Umgang mit dem Unsichtbaren

In den allermeisten Fällen läßt die Betrachtung des Bagua sehr schnell erkennen, was zu tun ist, um eine bestehende Wirkung zu korrigieren. Schon viele Hausbesitzer haben Spiegel oder Beleuchtungskörper installiert, um negativen Raum zu korrigieren, wenn sich die Probleme der Vorbesitzer oder Vormieter eindeutig auf ungünstige räumliche Bedingungen zurückführen ließen. Das Restaurant, das alle sechs Monate einen neuen Besitzer oder einen neuen Koch hat, läßt sich mit einfachen Feng-Shui-Maßnahmen »heilen«. Selbst sehr große Gebäude wie Bürohäuser oder Hotels profitieren von relativ geringfügigen Ausstattungsänderungen mit Hilfe der einfachen Vorschriften des Feng Shui.

Eine Fallgeschichte

Problem

Ein bekanntes Hotel in einer Weltstadt hatte so wenig Gäste, daß es nicht rentabel war. Die Besitzer statteten daraufhin die Gästezimmer neu aus, erstellten mit einer erstklassigen Werbeagentur einen neuen Marketingplan und engagierten erfahrene Geschäftsleiter. Nach drei Jahren war kaum ein Erfolg zu sehen, weshalb die Besitzer beschlossen, das Haus zu verkaufen. Die Erwerber waren eine Gruppe von Investoren, die mit Feng Shui vertraut waren und hier eine einmalige Gelegenheit erkannten.

Lösung

Die neuen Besitzer brachten unverzüglich eine einzige Korrektur an: Sie änderten die Lage zweier Rolltreppen, die der Eingangstür direkt gegenüberlagen. Dadurch war früher das Ch'i direkt die Treppe hinab und aus der Tür hinausgeströmt, eine ungünstige Plazierung, die finanziellen Verlust symbolisiert. Nach dem Umbau des Eingangs wurden die Rolltreppen im rechten Winkel zur Tür angeordnet, während gleichzeitig am Fuß der Treppe ein Wasserbecken angelegt wurde. Jetzt konnte die Energie nicht mehr hinausströmen, wie es die Vorbesitzer erlebt hatten, sondern wurde durch das zusätzliche Heilmittel des in einem Behältnis eingeschlossenen Wassers sogar noch gestärkt.

Ergebnis

Das Hotel konnte die finanziellen Schwierigkeiten überwinden und hat heute fast die höchsten Übernachtungszahlen in der Stadt. Die neuen Besitzer machen vorzügliche Gewinne, die Umbaukosten waren bereits in den ersten zwei Jahren zehnfach kompensiert.

Räume reinigen

> Unsere Toten vergessen niemals die schöne Welt, die ihnen Leben gab. Auch sie lieben noch ihre gewundenen Flüsse, ihre mächtigen Berge und stillen Täler, und sie sehnen sich in zärtlichster Zuneigung nach den Einsamen, zu denen sie oft zurückkehren, um sie zu besuchen und zu trösten.
>
> Häuptling Seattle

Wenn in einem Haus oder einer Wohnung, in die Sie einziehen, schlimme Ereignisse stattgefunden haben, muß man möglicherweise ein einfaches, aber wirksames Ritual ausführen, um die noch vorhandenen Schwingungen zu ändern. Dieses Verfahren können Menschen praktisch jeder religiösen Zugehörigkeit anwenden. Es soll keine anderen Verfahren ersetzen, sondern dient lediglich zur Selbstreflexion und Reinigung.

Begeben Sie sich am späten Abend oder am frühen Morgen, wenn die Schwingungen der Gesellschaft am schwächsten sind, an eine Stelle in demjenigen Bereich Ihres Hauses, an dem Sie die »Anwesenheit« eines Geistes wahrnehmen oder besonders großes Unbehagen empfinden. Wenn Sie keine solchen Schwingungen wahrnehmen, begeben Sie sich in das T'ai-chi des Hauses oder eines anderen wichtigen Raumes, jedoch nicht in die Küche.

Setzen Sie sich auf ein Kissen, das auf dem Boden oder einem Stuhl liegt, machen Sie den Rücken gerade, und entspannen Sie die Schultern. Schließen Sie die Augen, lassen Sie den Geist ruhig werden und die vielen kleinen Geschäftigkeiten und Gedanken von sich abfallen, die Sie den ganzen Tag über mit sich herumtragen. Lassen Sie sich aufdrängende Gedanken wie »Ich muß morgen die Wäsche aus der Reinigung holen« oder »Ich muß Papiertaschentücher einkaufen« durch Ihr Bewußtsein gehen, ohne sich bei ihnen aufzuhalten. Lassen Sie die alltäglichen Geräusche von Kühlschränken, Uhren und Straßenverkehr kommen und gehen. Konzentrieren Sie sich auf Ihren Atem, den Sie durch Ihre Nasenlöcher einziehen und wieder ausströmen lassen. Versuchen Sie nicht, irgendein Ereignis herbeizuzwingen. Seien Sie bei dieser einfachen Meditationsübung lediglich ruhig und gelassen.

Atmen Sie nach einigen Augenblicken der Stille tief durch die Nase ein, und machen Sie beim Ausatmen ein einfaches Geräusch, den Laut »suu«. Dieses Geräusch muß ganz sanft und selbstverständlich entstehen und Ihre Kehle leicht zum Schwingen bringen. Lassen Sie die Gedanken weiterhin kommen und gehen, und schenken Sie dem ständigen Kommentierer in Ihrem Kopf keine Aufmerksamkeit. Wiederholen Sie das Geräusch drei- bis viermal beim Ausatmen.

Kehren Sie mit dem nächsten Atemzug zur normalen Atmung zurück, und sitzen Sie in dieser Weise still eine bis zwei Minuten. Beginnen Sie langsam vor Ihrem geistigen Auge Wörter und Bilder zu sehen, die Sie laut aussprechen oder nur denken können. In beiden Fällen arbeiten Sie in der Welt der Schwingungen, weil Ihre Gedanken und gesprochenen Worte Wellen sind.

Wenn das bestehende Problem mit einem Todesfall zusammenhängt, denken oder sprechen Sie etwas Ähnliches wie den folgenden Text:

> Danke für dein Leben. Wenn du vor mir in diesem Haus warst oder derjenige warst, der dieses Haus erbaute, danke ich dir für das, was du getan hast. Wir danken dir für das schöne Mauerwerk um den offenen Kamin und die wunderschöne Eiche, die du im Garten gepflanzt hast. Für alles, was du getan hast, für die vielen Jahre deines Lebens hier

vor mir entbiete ich dir aus ganzem Herzen meinen Dank. Ich wünsche dir alles Gute, wo auch immer du bist. Ich hoffe, daß du glücklich bist in der geistigen Welt oder der Welt der Schwingungen, auch wenn ich nicht genau weiß, wo du bist und was mit uns geschieht, wenn wir diese Welt verlassen. Möge der Ort, an dem du bist, dir Frieden bringen. Mach dir keine Sorgen um uns – wir werden uns jetzt um dieses Haus kümmern. Du brauchst nicht mehr hierzubleiben. Wir versprechen dir, auf uns und unsere Familie zu achten, so daß du jetzt frei bist zu gehen. Du brauchst nicht mehr an diesem Ort festzuhalten, an dem wir uns jetzt niedergelassen haben; du kannst nun deiner Wege gehen und beruhigt darüber sein, was hier im weiteren geschehen wird. Wir werden versuchen, ohne deine Gegenwart glücklich und gesund zu sein. Vernimm dies und geh in Frieden.

Es kommt nicht darauf an, wie Sie dies genau formulieren und welcher Bilder Sie sich bedienen; achten Sie einfach darauf, welche Gegebenheiten Sie wahrnehmen. Entscheidend ist, daß Sie dieses Ritual aus Ihrem Herzen durchführen. Wenn Sie möchten, können Sie dies mit einem Gebet entsprechend Ihrer Religionszugehörigkeit verbinden, oder Sie rezitieren ein bestimmtes Sutra aus einer anderen Lehre oder lesen eine geeignete Passage aus den Schriften. Es handelt sich hier um eine ganz einfache Kommunikation mit einem Ort »hinter dem Schleier«, zu der wir alle fähig sind. Sie brauchen nicht zu glauben, daß dies etwas Außerordentliches oder Ungewöhnliches ist, denn durch die Praxis des Feng Shui arbeiten Sie ohnehin schon in der Welt der Schwingungen. Dieses Ritual ist nichts weiter als eine Reinigung für einen lebenden Geist, eine Reinigung der Orte der Schwingungswelt, wie man Gerümpel im Speicher aufräumt. Diese Reinigung kann allerdings wie gesagt nur wirksam sein, wenn sie aus dem Herzen kommt, weil es hier um Probleme des menschlichen Lebens geht.

Bleiben Sie noch einige Minuten in stiller Meditation sitzen, und lassen Sie die erzeugten Bilder verweilen. Wenn sie abklingen und wieder profanere Gedanken auftauchen, strecken Sie die Arme vor sich aus und klatschen dreimal so laut wie möglich in die Hände. Dieser Abschluß des Rituals bewirkt eine weitere und vollständigere Reinigung des Orts.

Wenn Sie fertig sind, nehmen Sie eine kleine Handvoll Meersalz und streuen es willkürlich und ohne zu »zielen«, aus. Salz ist als die dichteste Zutat, die wir für unser tägliches Essen verwenden, und als eines der wichtigsten Elemente des Lebens überhaupt das genaue Gegenteil der unsichtbaren Welt des Geistes oder der Schwingungen. Eine solche Verwendung des Salzes hilft, einen Raum zu harmonisieren, in dem spirituelle Phänomene die physische Welt dominieren. Durch das Ausstreuen von Salz reinigt man den Ort und bringt die sichtbare Umgebung mit der unsichtbaren Welt in Harmonie. Lassen Sie das Salz einige Tage liegen, und wischen oder saugen Sie es auf, sobald es Ihnen an der Zeit erscheint. Zu einem späteren Zeitpunkt können Sie dann frische Blütenblätter im Raum ausstreuen und einige Kerzen entzünden, um im Raum eine neue Schwingung zu erzeugen.

Sie können ohne weiteres ähnliche Rituale für andere Gegebenheiten erfinden, bei denen Sie den bisherigen Bewohnern Glück wünschen und negative Aufladungen neutralisieren, die vom Vorgänger zurückgeblieben sein könnten. Wichtig ist dabei immer, sich dessen bewußt zu werden, was zuvor in einem bestimmten Raum geschehen ist, damit sich Unglück nicht wiederholt.

Die nachfolgende Geschichte ist ein schlagendes Beispiel dafür, welche Konsequenzen es haben kann, wenn man die unsichtbare Vorgängerenergie ignoriert. Dies ist nur einer von vielen dokumentierten Fällen. Schwierigkeiten häufen sich stets an Orten, in denen Menschen eines unglücklichen Todes gestorben sind.

Im Zweiten Weltkrieg fiel an einem bestimmten Ort in der damaligen Sowjetunion eine Bombe der Alliierten auf ein Waisenhaus, was Hunderte von unschuldigen Kindern das Leben kostete. Nach dieser Tragödie wurde der Ort niemals »gereinigt«, und niemand führte jemals ein Ritual aus, um den Bereich von der Anwesenheit von »Geistern« oder Energien zu befreien, die in dieser Schwingungswelt gefangen waren. Jahre später baute die Regierung an dieser Stelle ein Kraftwerk, welches das Land mit Elektrizität versorgen sollte. Dieser Ort heißt Tschernobyl.

Weil Feng Shui ursprünglich ein Verfahren war, die Seelen der Menschen zu ehren, die vor uns lebten, muß man logischerweise auch die mögliche Gegenwart dieser Welt an dem Ort akzeptieren, wo wir leben und arbeiten. Ein einfaches Gebet oder ein von Herzen empfundener Segen ist oft alles, was notwendig ist, um negative Energien aufzulösen, von deren Existenz man häufig nicht einmal etwas ahnt.

12 Orte verwandeln

> Mittels seiner Sinne hat man Zugang zu Möglichkeiten tieferer Wahrnehmung. Jenseits der gewöhnlichen Wahrnehmung besteht im eigenen Daseinszustand Über-Schall, Über-Geruch und Über-Gefühl. Diese sind jedoch nur erfahrbar, wenn man sich in der tiefen Meditationspraxis schult, die jegliche Verwirrung und Unklarheit beseitigt und zu einer exakten, genauen und weisen Wahrnehmung führt – zur Jetztheit der eigenen Welt.
>
> TSCHÖGYAM TRUNGPA

Wahrnehmungen verändern

Feng Shui beruht in hohem Maß auf Wahrnehmungen. Wenn man etwas fühlt, sieht, schmeckt oder berührt, geschieht ein Austausch mit der Umwelt, den man mit Hilfe seiner Sinne bewertet. Eine Veränderung der Umgebung beeinflußt auch ihre Wahrnehmung, ob diese Veränderung nun in unserem eigenen Bewußtsein stattfindet oder nicht. Nur wenige Menschen »spüren« beispielsweise die Qualität der Energie, die in der Luft eines Raumes mit einem Ionengenerator erzeugt werden kann. Die meisten nehmen wahr, daß der Raum heller, entspannender, stabiler oder energiegeladener ist, oder sie fühlen sich hier einfach ein wenig besser als in einem identischen Raum ohne einen Überschuß an negativen Ionen.

Ein weißes Hemd ist in manchen Kulturen ein Symbol der Reinheit, in anderen wiederum des Todes. Schwarz ist für die einen die Farbe der Trauer, für die anderen hat sie ausgeprägt glückbringende Bedeutung. Neben der kulturellen und gesellschaftlichen Konditionierung, die wir alle in unserer Entwicklung erfahren haben, spielen noch viele andere Elemente eine Rolle für die Wahrnehmung der Welt. Wenn man es dogmatisch betreibt, ist Feng Shui nichts weiter als eine von vielen Glaubensüberzeugungen. Als Bezugspunkt für den einzelnen dagegen kann man es nicht getrennt von den vielen anderen Faktoren betrachten, die unser Ch'i und die Energie beeinflussen, welche wir durch die Millionen Neuronen in unserem physischen Körper wahrnehmen.

Als biologische Wesen werden wir physiologisch in vielfältiger Weise, wie es in unserem Nervensystem von Geburt an vorgegeben ist, von Farben beeinflußt. Daneben gibt es jedoch auch erlerntes Verhalten, das unsere individuelle Reaktion auf eine Farbe prägt. So können zum Beispiel Menschen, die im Krankenhaus arbeiten, oft keine grünen Tischtücher ertragen, weil Grün sie an die Farbe ihrer oft blutbefleckten Operationskleidung erinnert. Andere haben von der Kindheit her Assoziationen zu bestimmten Farben, die ein Leben lang erhalten bleiben. Diese kulturellen Realitäten haben erheblichen Einfluß darauf, welche Beziehung man zur ganzen Welt der Farben hat.

Was steuert das Ch'i?

Das Ch'i in unserer Welt wird vor allen Dingen *von uns selbst* gesteuert. Wir sind nicht bloß ein Konglomerat von Knochen und Geweben, die gemäß bestimmten »wissenschaftlichen« Konstrukten wie Kalorien, Schwerkraft und anderen begrifflichen Dogmen zusammengehalten werden. Die meisten Menschen, die jemals eine Demonstration von Qi Gong erlebt haben, der traditionellen chinesischen Übung zur Entwicklung des Ch'i sind davon überzeugt, daß jeder Mensch sich in einer der alten Kampfkünste schulen und Energie in einer Weise ausrichten kann, wie sie es sich bisher nicht vorstellen konnten. Die Anhänger dieser Künste erbringen oft übermenschliche Leistungen an Kraft, Gleichgewichtssinn, Widerstandskraft, Konzentration und außersinnlicher Wahrnehmung. Die in vielen Jahren der Übung gewachsenen Fähigkeiten sind ein Ärgernis für Naturwissenschaftler, deren physikalische Gesetze hierfür keine Erklärung geben können. Und doch erlaubt es die Übung des Feng Shui, das Ch'i zu steuern.

Jeder steuert selbst seine eigene Energie. Durch eine Lebensweise, die die sehr reale Welt der feinstofflichen Schwingungen gelten läßt, kann man seine Ernährung, sein Training und seine sonstigen Aktivitäten umstellen, um die Qualität seiner Wahrnehmung zu steigern. Die chinesischen, indischen und tibetischen Meister kennen die Bedeutung der Ernährung und ihren Zusammenhang mit der Gesundheit schon seit jeher, während wir im Westen erst in neuerer Zeit dieses Wissen wiederentdeckt haben. Wenn heute Ernährungsumstellung und Meditation als Heilmittel für Herzerkrankungen empfohlen werden, dann bestätigt die moderne wissenschaftliche Forschung damit nur, was schon seit Jahrtausenden bekannt ist.

Es ist schwer vorstellbar, Feng Shui zur Veränderung der äußeren Umgebung einzusetzen, ohne auch die persönliche innere Umwelt einzubeziehen, den Körper und den Geist, die uns erst die Wahrnehmung der Welt schenken, in der wir leben. Wenn man die Qualität seines Blutes durch eine Ernährungsumstellung ändert, modifiziert man dadurch auch seine Wahrnehmung der Welt. Die Gehirnzellen, die ständig von dem Blut umspült werden, das der Körper aus den aufgenommenen Speisen herstellt, vermitteln uns die Wahrnehmung unseres alltäglichen Lebens. Neben einer solchen Berücksichtigung der Ernährung hilft eine Meditationsübung oder eine ähnliche Schulung zur »Entrümpelung« unseres Gehirns, zu erfahren, wieviel Kontrolle man in der Tat über sein Leben haben kann. Die Ernährungs- und Lebensweise ist für viele Menschen zwar am schwierigsten zu ändern, aber man muß trotzdem einsehen, daß Feng-Shui-Anpassungen in der äußeren Welt ohne Veränderungen an sich selbst nur begrenzte Wirkung haben können. Wir existieren nicht unabhängig von unserer Umwelt, und unsere Umwelt ist nicht unabhängig von uns. Positive Veränderungen im Inneren und gleichzeitige Feng-Shui-Anpassungen in der äußeren Umgebung eröffnen wesentlich mehr Möglichkeiten.

Andere Menschen

Das Zweitwichtigste, was neben uns selbst Einfluß auf uns hat, sind andere Menschen. Wenn man selbst fröhlich pfeifend nach Hause kommt, wirkt sich die gedrückte Stimmung eines Partners trotzdem unmittelbar auf einen selbst aus. Insbesondere ist die Beziehung zu den Eltern von großer Bedeutung, weil es maßgeblich hiervon abhängt, wie man andere Männer und Frauen in der Welt erfährt. Alle therapeutischen Verfahren, psychologische und spirituelle, die zu der unausweichlichen Anerkennung der Menschen führen, denen man sein Leben verdankt, sind wertvoll. Die Entwicklung einer tieferen Empfindung der Dankbarkeit und Wertschätzung kann uns von dem eisernen Griff der unzähligen Geschichten und Deutungen befreien, die wir bezüglich unseres Leben erschaffen haben. Das Biologische und Spirituelle in unserem Leben bildet ein unzerreißbares Energieband, das nirgendwo stärker ist als zwischen Eltern und Kindern.
Um also die transformierende Kraft des Feng Shui tiefer verstehen zu können, muß man auch nach innen blicken, auf sich

selbst und sein eigenes Leben und seine eigene Energie sowie auf die unmittelbaren Beziehungen mit anderen Menschen, insbesondere den Eltern. Glockenspiele und Kristalle, die genau am richtigen Ort aufgehängt werden, können durch die damit verbundene Änderung in der eigenen Umgebung die Möglichkeit einer geänderten Wahrnehmung schaffen, doch sollte man sich immer vor Augen halten, daß Selbstentwicklung im Inneren beginnt und von den Vorgängen in der äußeren Welt letztlich doch nur unterstützt wird.

Die Bedeutung von Symbolen

Der weise alte Mann am Gipfel des Berges sagt den Suchenden, die zu ihm kommen, daß das Leben an sich bedeutungslos ist – es hat nur diejenige Bedeutung, die man selbst ihm gibt. Für den Tennisstar zählen die Trophäe und das Preisgeld, für den Großvater das Bild seines Enkels, der seine ersten Schritte macht, für die Braut der Ehering und für den Politiker der Füllfederhalter, mit dem ein Dokument unterzeichnet wird. Jedes Objekt trägt eine vielfältige Symbolik an sich. In unserem Leben zählt dasjenige am meisten, von dem man selbst sagt, daß es zählt – nicht der Füllfederhalter oder der Ring als solcher, sondern die Bedeutung, die man dem Objekt beimißt. Hinter dem Offensichtlichen liegt die Welt der Symbole.

Als Fu Hsi die Schildkröte aus dem Fluß auftauchen sah, erkannte er, daß alles einer der acht Energien des Bagua angehörte. In der physischen Welt kann man sagen, daß aller materielle Besitz wie zum Beispiel Kunstwerke, Möbel, Kleider, Autos, Häuser, Fotografien, Haustiere, Sammlungen und so weiter eine der acht Grundenergien symbolisiert.

Wenn man zum Beispiel Dauer in seinen Beziehungen

wünscht, dann ist ein Foto von einem Büschel Bananen weit weniger passend als ein Bild von einem Tannenwald. Instinktiv weiß man, auch wenn man dies vielleicht nicht bewußt wahrnimmt, daß die Tannen immergrün sind und ein hohes Alter erreichen. Die Bananen andererseits werden innerhalb weniger Tage zu faulen beginnen, wenn man sie nicht verzehrt.

Überall im Haus und am Arbeitsplatz sind Symbole vorhanden. Ihre Wirkung muß beim Feng Shui berücksichtigt werden, wenn man Veränderungen in seinem Leben herbeiführen will. Prüfen Sie anhand des »Arbeitsblatts zu Kapitel 6« im Anhang, wie andere Ihre Wohnung beurteilen. Wenn Sie einen Partner finden oder Ihre bestehende Beziehung verbessern wollen, dann sehen Sie nach, ob bei der Couch im Bereich Erde ein einzelner Kerzenständer steht oder ein einsames Kissen darauf liegt, und ersetzen Sie dies durch paarige Objekte. Hängt ein abstraktes Gemälde an einer Wand in einem Bereich, in dem Sie Konzentration wünschen? Türmt sich Ihre schmutzige Wäsche in einer Ecke, die genau zu jenem Bereich Ihres Lebens gehört, in dem Sie Schwierigkeiten haben? Klemmt Ihre Tür, so daß Sie durch ein entsprechend »klemmendes« Haus des Bagua eintreten müssen? Es ist wahrhaft erstaunlich, wie die Realitäten Ihres Lebens sich überall in Symbolen manifestieren. Eine Änderung dieser Energien erreichen Sie dadurch, daß Sie die erwünschten Symbole hinzufügen.

Eigene Heilmittel entwickeln

Wenn schneidendes Ch'i vorhanden ist, gibt es irgendwo eine Ecke mit einer »Spitze«, die gebrochen werden muß. Diese Energie läßt sich ins Gleichgewicht bringen, indem man einen runden Gegenstand wie zum Beispiel eine Topfpflanze vor die Ecke stellt oder weiches Material wie ein Tuch oder Bänder über die Kante hängt. Wenn in einer Umgebung zuviel Eisen und Stein vorhanden ist, beispielsweise in einer Küche mit einer Granitarbeitsplatte und Geräten aus Chromstahl, dann können zusätzliches Licht, Strohkörbe und zarte Blumen die Energie dieses Bereichs wärmer und freier machen. In solchen Fällen ist nichts weiter erforderlich als die einfache Anwendung des vereinheitlichenden Prinzips.

Manche Räume haben eine niedrige Decke oder schwere Balken mit einer ausgeprägt nach unten drängenden Energie. Im klassischen Feng Shui werden Bambusflöten verwendet, um das Ch'i nach oben zu leiten, doch gibt es hier auch viele andere Möglichkeiten. Die Flöte wird mit dem Mundstück nach unten in einem Winkel von 45 Grad am oder unter dem Balken angebracht, so daß sie gewissermaßen als Strebe wirkt; der durch die Flöte hindurchgehende Wind befördert Ch'i nach oben und neutralisiert dadurch die abwärts gerichtete Energie im Raum. In manchen Umgebungen ist allerdings eine Bambusflöte kein geeignetes Stilelement.

Auf der Grundlage des vereinheitlichenden Prinzips erkennt man leicht, daß es ebenso möglich wäre, eine große, rohrähnliche, schlankwüchsige Pflanze zu plazieren, um dieselbe Wirkung zu erreichen. Weitere Heilmittel für dasselbe Problem wären eine Fotografie eines bunten Heißluftballons, der über dem Meer schwebt, einer Gruppe von Schwänen im Flug oder eines Kindes, das bei einem Fest eine Handvoll Konfetti in die Luft wirft. All dies trägt die Energie und Symbolik der Leichtigkeit und der nach oben strebenden Energie an sich, indem es eine im Inneren erfahrene Bedeutung und Empfindung vermittelt. Solche Heilmittel sind ebenso effektiv wie die klassischen und sogar noch wirksamer, wenn man sie selbst erfunden hat.

Farben

Das sichtbare Spektrum des gebrochenen Sonnenlichts fächert sich in verschiedene Wellenlängen auf, die in Ångström gemessen werden. Die größeren Wellenlängen Rot und Orange erzeugen Intensität und erregen die Aufmerksamkeit des Auges. Diese lebhaften, warmen Farben regen auch zur Aktivität an, wie zum Beispiel der Matador weiß. Farben kürzerer Wellenlänge wie Violett sind passiver und kühlend; sie haben beruhigende Wirkung.

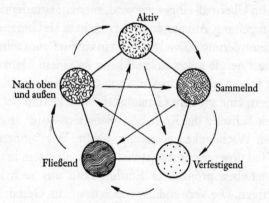

Fünf Energien in Bewegung

Die Fünf Wandlungsphasen

Bereits im vierten Jahrhundert vor Christus wurde ein System zur Klassifizierung von Energie benutzt, das als die »Fünf Elemente« bekannt ist (siehe auch Seite 103). Man müßte dies besser als »Fünf Energien in Bewegung« übersetzen, da es sich hier um eine ständige Bewegung durch ein Kontinuum im Gleichgewicht, nicht um eine Ansammlung statischer Elemente handelt. So heißt der chinesische Begriff dafür Wuhsing, auch wörtlich »Fünf Beweger«. Jeder Energie ist eine

Farbe zugeordnet, und es ist hilfreich, das System dieser Elemente, der sogenannten Fünf Wandlungsphasen, unter dem Blickwinkel der zugehörigen Farben zu erklären.

Die Energie des Wassers, unseres biologischen Ursprungs, ist fließend. Wie die Stille des späten Abends oder früher Morgenstunden und der winterlichen Jahreszeit bedeutet eine Inaktivität dieser Energie Schwierigkeiten oder Unglück, wie wenn Wasser ins Stocken gerät oder trüb wird. Die zugehörigen Farben sind Blau und Schwarz. Schwarz, eigentlich die Abwesenheit von Farbe, absorbiert die anderen Farben, und wenn es im Übermaß eingesetzt wird, entsteht eine deprimierende Umgebung. Am besten benutzt man es als Umrandung oder Akzentuierung. Zuviel Schwarz in einem Raum zehrt die physische Energie rasch auf und kann zu einem Mangel an Klarheit führen; richtig dosiert, kann es andererseits bei den Bewohnern eine größere Genauigkeit bewirken. In der Psyche spielt Schwarz die Rolle des »Schattens«, der unserem bewußten Wachdenken verborgen bleibt. Wir können von diesem Teil unserer selbst sehr viel lernen, aber sein in unser tägliches Leben projizierter Einfluß kann uns auch leicht überwältigen. Die Verwendung von Schwarz im Gestaltungsprozeß muß sehr sorgfältig abgestimmt werden. Blau und Schwarz müssen wie ihr zugeordnetes Element Wasser unbedingt in dosierten Mengen eingesetzt werden.

Wasser nährt oder bedingt die nächste Energie, Holz, das nach oben und außen strebt. Holzenergie ist nicht »hart« wie ein Baum, sondern bewegt sich vielmehr ähnlich der Energie eines Baums. Sie ist dem frühen Morgen, dem Frühling und der Farbe Grün zugeordnet. Als vorherrschende Farbe des Pflanzenreichs steht Grün für Wachstum. Seine Wellenlänge stimuliert das Knochenwachstum und eine gute Haltung. Oft hat Grün auch eine kräftige Heilwirkung auf Leber und Gallenblase und stimuliert die Produktion von Galle, mit welcher der Körper beim Verdauungsprozeß Fette auflöst. Zuviel Grün in einem Raum (abgesehen von Pflanzen) kann einen naiven Idealismus hervorrufen; seine Schwingung »entwurzelt« die Bewohner und führt sie von einem wohlbegründeten Realismus fort. Bei sparsamerer Verwendung stimuliert Grün Möglichkeiten und wirkt auf das Nervensystem in einer ähnlichen Weise, wie wenn Eltern ein Kind ermuntern: »Versuche es nur noch einmal.« Grün ist nur das Einsetzen von Aktivität, die Bewegung in Richtung des Feuers, aber noch keine volle Aufladung.

Holz nährt oder bedingt die nächste Energie, Feuer, die pulsierende, aktive Energie. Feuer gehört zum Mittag, wenn die Sonne im Zenit steht, zum Sommer, wenn die Natur am aktivsten ist, und zur Farbe Rot, der am höchsten aufgeladenen Wellenlänge im sichtbaren Spektrum. Die Verwendung der Farbe Rot im Gestaltungsprozeß stimuliert Aktivität, die im Übermaß für die Bewohner erhebliche Schwierigkeiten auslösen kann. Es ist zum Beispiel bekannt, daß Rot in Gefängnissen oder psychiatrischen Einrichtungen gewalttätiges Verhalten auslöst und die Insassen reizbarer macht. Große, lebhafte rote Flächen auf Vorhängen, Polstermöbeln oder Teppichen erregen den Geist und können eine der Ursachen für Migräne, Ungeduld und allgemeine ängstliche Unruhe sein. Rot ist in der Natur eher selten und erscheint überwiegend in Zeiten gesteigerter Aktivität – auch dies ist ein Hinweis darauf, daß Rot eine starke Aufladung besitzt. Die geschickte Verwendung von Rot kann Sinnlichkeit und Leidenschaft entzünden und die Libido stimulieren. Es ist kein Zufall, daß gewisse Bezirke in der Stadt durch rote Lichter gekennzeichnet sind.

Im körperlichen Bereich hat Rot eine starke Wirkung auf das Verdauungssystem und beschleunigt den Vergärungsprozeß im Magen. Offene Wunden heilen langsamer unter rotem

Licht, weil das Blut langsamer gerinnt. In der Küche beschleunigt ein rotes Tuch, mit dem man zum Beispiel Brotteig oder Sauerteig abdeckt, den Gärungsprozeß. Wer kleine Kinder hat, sollte darauf achten, daß in ihrer Kleidung und in ihren Zimmern nicht zuviel Rot vorhanden ist, da ein kleines Kind dadurch überstimuliert werden kann. Für stillere, hellhäutige Kinder kann dies dagegen sehr hilfreich sein. Rot ist wie Feuer: Es vereinigt positive und schädliche Energien in sich. Daher Vorsicht beim Umgang!

Feuer verwandelt Dinge in Asche. Es erzeugt und nährt dadurch die Energie von Erde, der sammelnden Kraft des Erdbodens. Als nach innen gerichtete und verdichtende Energie bringt Erde die Natur zum Fruchten. Die Erntesaison, der Spätsommer, ist die Zeit des Elements Erde; sie ist weiterhin der Farbe Gelb und der Bewegung nach innen zugeordnet. Die Verwendung von Gelb in einer bestimmten Umgebung regt die Bewohner an, sich mehr der Sammlung von Energien bewußt zu werden, und verstärkt die Eingliederung in die Gesellschaft. Die gelbe Rose, die seit jeher als Symbol der Eifersucht gilt, kann eine sehr beruhigende Wirkung haben, wenn man sie nicht als Hauptelement eines Blumenarrangements, sondern als einzelnen Akzent einsetzt.

Gelb ist weniger intensiv als Rot, und da seine Wellenlänge mehr auf den Intellekt und die Gesellschaft zielt, ist es eher als inspirierend denn als stimulierend zu bezeichnen. Wie man oft lesen kann, war Gelb die Lieblingsfarbe von Sokrates und Konfuzius wie auch vieler anderer Philosophen. Sie regt den Menschen an, seine Beziehung zu den Massen zu betrachten, lockt Introvertierte aus ihrer Zurückhaltung und dämpft den Hang zur Innenschau. Im Westen wurde Gelb bei religiösen Zeremonien nur selten eingesetzt. Die Gärtner des Weißen Hauses könnten einen erheblichen Einfluß auf die Regierung haben, wenn sie im Bereich dieses Machtzentrums mehr gelbe Blumen pflanzten: Die Schwingungen der von Gelb erzeugten Wellenlängen zögen eine stärkere soziale Kraft um den Präsidenten zusammen.

Schließlich verhärtet sich das Element Erde im Laufe der Zeit zu der als Metall bezeichneten Energie, der Kraft der Verfestigung. Metall ist das Ende des Tages und des Jahres, wenn der Herbst einzieht und die Natur sich nach innen wendet. Metall ist die Kulmination des Zyklus der Energieverwandlungen und gehört zur Farbe Weiß. In der Heilkunst gibt es keine reinere Farbe als Weiß, das letztlich der Zusammenklang aller Farben und Wellenlängen ist. Weiße Stoffe, Blumen und Kleider drücken Reinheit und Verfeinerung aus – eine unglückliche Assoziation, die möglicherweise als eine der Ursachen zur Unsitte des Bleichens von Mehl geführt hat, das dadurch seine Vitalstoffe verliert. Weißbrot wird deshalb wieder mit Vitalstoffen angereichert, und dies darf man getrost als eine der unsinnigsten Praktiken der »zivilisierten« Welt bezeichnen. Der Cowboy mit seinem weißen Hut, der immer »den Guten« darstellt, ist ein weiteres Produkt unserer Reinheitsbesessenheit. Der in Schwarz gekleidete, »niederträchtige Schurke« wird sofort mit dem Bösen assoziiert. Wir werden sehr daran arbeiten müssen, diese tiefverwurzelten Stereotypien zu überwinden, da sie uns mit einer Fülle unbewußter Vorurteile belasten.

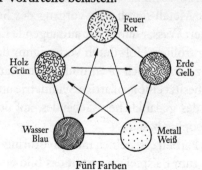

Fünf Farben

Die Fünf Wandlungsphasen werden durch einen Hervorbringungszyklus erzeugt, der die Fünf »Elemente« im Uhrzeigersinn durchläuft. Jede Energie ist von der ihr vorangehenden Energie in der sogenannten Eltern-Kind-Beziehung abhängig. Wasser ist der Erzeuger von Holz, Holz der Erzeuger von Feuer und so weiter. Innerhalb des Hervorbringungszyklus gibt es ein System von Hemmungen und Gegengewichten, das als Steuerungszyklus bezeichnet wird. Bei diesem inneren System kontrolliert jede Energie das Kind des Kindes, den Enkel, und wird von einer anderen Energie kontrolliert, dem Erzeuger des Erzeugers, dem Großvater.
Wasser kontrolliert oder »besiegt« Feuer: Das sehr Aktive muß von einer ruhigen Hand unter Kontrolle gehalten werden. Die Fünf Wandlungsphasen treten im Leben in vielfältigster Weise in Erscheinung, so zum Beispiel in der Anatomie und Physiologie. In der Traditionellen Chinesischen Medizin ist die Feuerenergie des Körpers das Herz, während das Element Wasser von den Nieren regiert wird. Es ist eine physiologische Tatsache, daß die Nieren den Blutdruck steuern – ein Beweis dafür, wie Wasser Feuer daran hindert, außer Kontrolle zu geraten.
Holz kontrolliert Erde, wobei die nach oben und außen gerichtete Bewegung des ersteren die Neigung der letzteren ausgleicht, sich allzusehr zu sammeln und zu verfestigen. Feuer kontrolliert Metall durch den Vorgang des Schmelzens, Erde kontrolliert Wasser durch ihre aufsaugende Eigenschaft, und Metall kontrolliert Holz durch Verfestigung der Energie, die vielleicht zu stark nach oben und außen drängt. Dieses ganze System besitzt eine großartige Symmetrie und bildet einen Eckstein des gedanklichen Gebäudes, auf dem die alte östliche Philosophie basiert.
Harmonische Farben erscheinen im Hervorbringungszyklus. Rot mit Gelb zum Beispiel vermittelt das Bild einer starken,

aktiven, sammelnden Energie (wie anscheinend eine große Fast-Food-Kette sehr genau erkannt hat ...). Rot allein mit Weiß zieht die Aufmerksamkeit nicht annähernd so gut auf sich. Grün und Rot haben gemeinsam starke Wirkung, während Grün und Gelb in einem gewissen Widerstreit stehen und das Ch'i nach oben und außen und nach unten und innen gleichzeitig und letztlich nirgendwohin treiben. Mit ein wenig Rot kann man sie miteinander verbinden, und es entsteht möglicherweise mehr Bewegung. Grün kontrolliert Gelb.

Im Feng Shui werden wie in der Natur intensivere Farben sparsam eingesetzt, mehr als Akzente oder um bewußt eine bestimmte Wirkung zu erzeugen. Grün als mittlere Farbe des Spektrums kann in der Wohnung in Form von Pflanzen erscheinen, die der Energie nur eine mäßige Tendenz nach oben verleihen und Wachstum symbolisieren. Zuviel Rot im Kindergarten macht Kinder überaktiv, wie in Studien belegt wurde. Violett (an der Grenze zwischen Materie und Schwingung) wirkt in einer Büroumgebung dämpfend bis zur Schläfrigkeit, kann aber dort, wo Stille erwünscht ist, die Farbe der Wahl sein. Bei Firmen, bei denen es hauptsächlich um Geld geht, werden Violett oder Purpur in den Büros die Gewinne kaum steigern, selbst wenn der Besitzer persönlich diese Farben liebt. Kräftigere Farben tragen eher dazu bei, daß sich Vorhaben in der materiellen Welt konkretisieren können.

Wo eine ruhigere Umgebung gewünscht ist, wie zum Beispiel im Schlafzimmer, können lange rote Vorhänge zu Schlaflosigkeit führen. Kleinere Tupfer auf der Bettwäsche in Form einiger Blumen haben kaum eine solche Wirkung. Dunkle Töne wie Grau oder Schwarz können Depression oder Desinteresse bewirken; in beiden Fällen sind sie ohne wirkliche Aussagekraft, wenn sie nicht mit kräftigeren Farben kombiniert werden. Grau in Klassenzimmern und Amtsstuben macht diese äußerst langweilig.

Quantität verändert Qualität

> Die fünferlei Farben machen der Menschen Augen blind.
> Die fünferlei Töne machen der Menschen Ohren taub.
> Die fünferlei Würzen machen der Menschen Gaumen schal.
> Rennen und Jagen machen der Menschen Herzen toll.
> Seltene Güter machen der Menschen Wandel wirr.
> Darum wirkt der Berufene für den Leib und nicht fürs Auge. Er entfernt das andere und nimmt dieses.
>
> LAO-TZU: TAO-TE KING

Bei der Betrachtung der Verwendung von Farben ist ein wichtiges Axiom des vereinheitlichenden Prinzips zu berücksichtigen. Jeder Mensch nimmt die von einer Farbe erzeugte Schwingung in anderer Weise wahr. Die physische und emotionelle Verfassung eines Menschen ändert sich ständig, ebenso seine Vorlieben. Bei Kindern ändert sich die Lieblingsfarbe oft, ebenso der beste Freund oder die beste Freundin. Worauf es jedoch ankommt, ist die Quantität einer Farbe; die Menge hat Einfluß auf die Qualität der Erfahrung.

Räumen, die überwiegend in Orange oder Gelb gehalten sind, tun einige Tupfer Rot gut; zuviel Rot dagegen würde überwältigend wirken und die Schwingung zu sehr verstärken. Ein Hauch Blau oder Violett im selben Raum hätte nur geringe Wirkung; solche kühlen Farben müssen großzügiger eingesetzt werden, damit sie eine Wirkung haben.

Intensive Farben sind Blickfänger, insbesondere wenn sie milderen Farben gegenübergesetzt werden. Zuviel von einer intensiven Farbe wie Rot oder Orange könnte die gegenteilige

Wirkung haben. Schwarz kann, richtig eingesetzt, sehr nachdrücklich wirken; ohne Kontrast wirkt es schwer oder sogar düster. In Räumen mit einem bunten Farbengewirr kann das Auge nichts mehr unterscheiden und wird geradezu geblendet. Jede der Fünf Energien hat eine ganz eigene Wirkung und muß so eingesetzt werden, daß ein angenehmer Energiestrom entsteht, der einem bestimmten Zweck dient.

Ein »Farbtest«

Die nachfolgende praktische Übung soll Ihnen zu einem besseren Verständnis der richtigen Verwendung von Farben im Feng Shui verhelfen. Schlagen Sie in diesem Kapitel nach, wenn Sie sich bei der Beantwortung nicht sicher sind. Nachdem Sie diesen Text abgeschlossen haben, werden Sie ein tieferes Verständnis der in diesem Abschnitt erörterten grundsätzlichen Prinzipien erlangt haben.

Fragen

1. Eine Frau mit einer hellgelben Couch in ihrem Wohnzimmer möchte für dieses Möbelstück einige kleine Kissen kaufen. Welche Wirkung haben verschiedene Farben auf das Möbelstück? Welche sollte sie meiden?
2. Von einem heimlichen Verehrer haben Sie soeben ein Dutzend roter Rosen erhalten. Leider finden Sie keine Glasvase – nur eine königsblaue Vase mit schwarzem Rand und eine andere aus cremeweißem Porzellan. Welche Vase nehmen Sie? Warum?
3. Sie arbeiten als Autoverkäufer, und die Geschäfte gehen in diesem Monat schlecht. Ihr Chef läßt Sie als Ersatz für

Ihren Klappstuhl, auf dem Sie bisher immer saßen, zwischen zwei neuen Bürostühlen wählen, einem schwarzen Ledersessel und einem Sessel mit tannengrünem Bezug. Für welchen von beiden entscheiden Sie sich? Warum?
4. Das neue chinesische Restaurant, das in Ihrer Nähe eröffnet wurde, hat rotgestrichene Wände. Welche Art von Energie würden Sie dort erwarten? Erklären Sie es.
5. Sie geben ein Fest, weil Ihre Firma mit einem früheren Konkurrenten fusioniert hat. Die Sekretärin des Chefs dieser Firma, die das Fest mit Ihnen abstimmen soll, übergibt Ihnen eine Liste mit Dingen, die für diesen Anlaß beschafft werden sollen. Die Tische sollen mit farbigen Tafelaufsätzen akzentuiert werden. Sie sollen hierzu Vorschläge machen. Welche Farben wählen Sie?
6. Ihre Tochter hat sich beim Skifahren ein Bein gebrochen und liegt mit einem Streckverband im Krankenhaus. Sie sagt, daß sie ein neues Nachthemd braucht, weil dasjenige, das man ihr im Krankenhaus gab, nicht sehr angenehm ist. Welche Farbe würden Sie spontan wählen?
7. Ihre Kinder, die oft im Spielzimmer im Untergeschoß sind, scheinen in diesem Zimmer stets Streit zu bekommen. Was würden Sie nachprüfen, und was würden Sie hinsichtlich der Farben tun, um hieran etwas zu ändern?
8. Die Werbetexter in der Agentur, in der Sie arbeiten, fühlen sich zur Zeit nicht sehr inspiriert. In ihren Großraumbüros finden Sie ein buntes Farbengemisch, wobei keine Farbe vorherrscht. Ihre Vorschläge?
9. Die kleine Damentoilette in der Eingangsdiele ist mit schwarzweißen Fliesen belegt. Ihre Partnerin bittet Sie, für diesen Raum neue Gästehandtücher zu besorgen. Ihr Heimtextiliengeschäft hat nur Hellgrün, Hellrot und Kanariengelb, jeweils mit schwarzer Paspelierung. Welche Handtücher würden Sie nehmen, und warum?

Antworten

Farben sind nicht nur eine Frage der persönlichen Vorliebe. Die Auswahl von Farben, Mustern, Strukturen, Designs und Materialien hat in jeder Umgebung Einfluß auf das menschliche Verhalten. Man kann zwar nicht sagen, daß eine Farbe »richtig« und die andere »falsch« wäre, doch kann man andererseits mit bestimmten Farben Harmonie und Gleichgewicht, mit anderen Widerstreit und Disharmonie erzeugen.

1. Weiß auf der hellgelben Couch würde eine »seßhafte« Energie erzeugen. Rot und Orange aktivieren den Benutzer eher. Grün, Blau und Purpur sollte man vermeiden, da diese nicht zu Gelb passen, sofern nicht mit anderen Tönen eine Harmonisierung erzeugt werden könnte.
2. Rosen in einer königsblauen Vase erscheinen manchen Menschen vielleicht elegant, aber das kräftige Blau schwächt das Rot der Rosen. Dagegen gewinnen die Blumen (und die mit ihnen verbundene romantische Energie) in einer Vase aus weißem Porzellan.
3. Schwarz, die Abwesenheit von Farbe, schwächt die Energie. Ein grüner Stuhl bringt Sie in Schwung, weil diese Farbe eine aufstrebende Energie in sich hat.
4. Rote Wände in einem Eßbereich aktivieren das Ch'i – manchmal jedoch zu sehr. Lebhaftes Stimmengewirr im Restaurant mag für manche dazugehören, doch kann eine zu starke Energie in einem Eßbereich der Verdauung abträglich sein: Der Appetit wird zu sehr stimuliert, und es bildet sich ein Überschuß an Magensäure.
5. Prüfen Sie, welche Farbe zu der neuen Firma paßt, und zeigen Sie sie an prominenter Stelle. Wenn es eine Möglichkeit gibt, gelbe Blumen zu plazieren, die Farbe der sammelnden Erde, dann wird dies die Fusion begünstigen.

6. Grün wird die Knochen schneller heilen lassen. Vermeiden Sie Blau und Purpur im Zusammenhang mit Erkrankungen des Knochengerüsts.
7. Zuviel Rot oder Orange oder starke schwingende »Neonfarben« in einem Spielzimmer können zu Hyperaktivität führen (es könnte jedoch auch schneidendes Ch'i vorhanden sein).
8. In einer Werbeagentur fließt kreative Energie, die mit geschwungenen Farbenlinien unterstützt werden kann. Versuchen Sie, den Bereich mit Blau- und Grüntönen, die an Wasserläufe und Grünpflanzen erinnern, zu harmonisieren, und akzentuieren Sie dies mit wenigen Tupfern kräftiger Farben. Meiden Sie Schwarz, Grau und stumpfe Farben.
9. Hellgrün ist eine stille Farbe, die eine kleine Damentoilette ruhig, aber auch langweilig wirken lassen kann. Die »klassische« Farbe für diese Kombination wäre Rot, wodurch der Raum etwas sehr Elegantes bekommen könnte. Die ungünstigste Wahl wäre Gelb, das hier zuwenig ausgleichenden Kontrast liefert. Die richtige Antwort hier – wie auch in allen anderen Fällen – ist allerdings die Auswahl der Farbe, die Ihnen am besten gefällt.

13 Wenn die Magie wirkt

Überstürzen Sie nichts

Wenn Sie Ihre Wahrnehmung der Sie umgebenden Welt mittels Feng Shui schärfen, wird immer mehr von dem, was Sie eigentlich schon wissen, auch durch Ihre eigenen Erfahrungen bestätigt. An die Stelle von Glauben tritt Gewißheit, an die Stelle von Zweifel die Wahrnehmung von Möglichkeiten.
Das Wunder kann so schnell geschehen, daß man sich manchmal hüten muß, vor der Fülle von Möglichkeiten, die sich mit Feng Shui auch in anderen Bereichen Ihres Lebens zu eröffnen scheinen, nicht in Überschwang zu geraten.
Es gibt eine Geschichte über Mahatma Gandhi, dessen Mut, Vernunft und inspirierende Weltsicht Millionen von Menschen bewegt haben.
Eines Tages kam eine Mutter mit ihrem kleinen Kind zu dem weisen Alten. »Herr«, sagte sie, »mein Sohn hört nicht auf zu naschen. Er ruiniert seinen Appetit und seine Gesundheit. Er kennt Ihre Weisheit – würden Sie ihm bitte sagen, daß er aufhören soll?«
Gandhi gab zur Antwort: »Kommen Sie in zwei Wochen wieder.«
Die verblüffte Mutter ging mit ihrem Sohn wieder nach Hause und kehrte zwei Wochen später zurück.
Als Gandhi sie sah, lächelte er, kniete sich nieder und blickte dem Knaben in die Augen: »Junger Mann, tue bitte, was deine Mutter sagt. Mit all diesen Süßigkeiten wirst du nicht gesund

und kräftig.« Gandhi erhob sich wieder und stand stolz vor den beiden.
Erstaunt fragte ihn die Mutter: »Warum ließen Sie uns nach zwei Wochen wiederkommen? Das hätten Sie ihm doch auch damals schon sagen können – ich verstehe es nicht.«
»Vor zwei Wochen«, antwortete Gandhi, »habe ich selbst noch Süßigkeiten genascht.«
Auch im Feng Shui soll man selbst praktizieren, was man anderen predigt. Darüber hinaus aber gewinnt man durch Feng Shui eine größere Achtung vor dem Leben seiner Mitmenschen. Wenn man wirklich möchte, daß andere von Dingen profitieren, aus denen man selbst Nutzen gezogen hat, dann wird man als persönliches Beispiel für eine positive Veränderung mehr Erfolg haben denn als »Vertreter eines neuartigen Systems«.

Etwas Gutes verbessern

Statt in Ihrem Haus Jagd nach ungünstigen Einflüssen zu machen, sollten Sie auf demjenigen aufbauen, was Sie bereits geschaffen haben. Entfernen Sie weiteres Gerümpel aus dem Bereich Erde, nachdem Sie einen neuen Partner gefunden haben. Topfen Sie die alte Pflanze, die Sie in den Bereich Himmel gestellt haben, nochmals um, um Ihre neue Beziehung mit einem hilfreichen Freund weiter auszubauen. Lassen Sie den funkelnden Kristall, den Sie im Bereich Wind angebracht haben, an seinem Platz, auch wenn sich die positiven Wirkungen bereits eingestellt haben, indem Sie ihn makellos sauberhalten.
Achten Sie auch auf größere und kleinere Baguas, und nehmen Sie weitere Veränderungen im selben Haus des Bagua, aber in einer anderen Umgebung vor. Wenn Sie zum Beispiel

eine neue Stelle bekommen haben, nachdem Sie das Gerümpel entfernt und in Ihrem Haus im Bereich Wasser ein Heilmittel angebracht haben, wenden Sie sich dem Wasserbereich in Ihrem neuen Büro zu, ermitteln Sie ihn in Ihrem Schlafzimmer, und machen Sie den Punkt in Ihrem Garten ausfindig, der zu dieser Energie gehört. Wenn Sie diese und alle anderen Bereiche, die den Einfluß des Elements Wasser in sich tragen, nicht bereinigen, könnte es sich nur um vorübergehende Erfolge handeln, ähnlich wie gewisse Arzneien nicht die tiefere Ursache der Krankheit bekämpfen, sondern nur die Symptome.

Sie könnten sich auch die Frage stellen, warum Wasser in bezug auf Ihren Körper und Ihre Gesundheit stagnierte, worüber Sie im fünfzehnten Kapitel über Körper-Feng-Shui mehr erfahren. Welche Schritte können Sie von innen nach außen unternehmen, die die neue Ausrichtung in Ihrem Leben weiter kräftigen?

Sobald sich also positive Ergebnisse zeigen, wäre es die klügste Vorgehensweise, den eigenen Horizont zu erweitern und zu vertiefen, sich verwandten Bereichen wie Gesundheit und Astrologie zuzuwenden und sich ausführlicher mit der Philosophie des Feng Shui auseinanderzusetzen, wie sie im *I-ching* dargelegt ist.

Eine neue Wirklichkeit

> Wer nicht weiß, wo er ist, kann nicht sehen, wohin er geht.
>
> WILL ROGERS

Wenn Sie sich wieder der Übersicht zur Selbstbewertung im ersten Kapitel zuwenden, nachdem die Anbringung von Heilmitteln offensichtliche Veränderungen bewirkt hat, können

Sie Ihr Leben neu bewerten und prüfen, was wirklich geschehen ist. Wenn Sie die Bekräftigungen und die Prioritätenliste zum vierten Kapitel einen oder zwei Monate später nochmals durchlesen, erscheinen sie Ihnen vielleicht wie alte Tagebuchnotizen. Sie werden wahrscheinlich überrascht sein, wie Sie über Ihre Arbeit, Ihre Beziehungen und das Leben im allgemeinen dachten, weil die positiven Veränderungen durch die Anwendung von Feng Shui Ihre ganze Perspektive verändert haben. Der Bericht eines erfolgreichen Beraters soll dies illustrieren.

Robert war ein alleinstehender Harley-Davidson-Fan. Er besaß zwei Motorräder dieser Marke, von denen eines mit einem Beiwagen für einen Freund ausgerüstet war, mit dem er an den Wochenenden Ausflüge machte. Robert besaß alle Harley-Fan-Artikel; seine schwarze Lederjacke, sein Schlüsselanhänger, sein Schreibtischset, sein Feuerzeug und seine T-Shirts trugen alle das offizielle Firmenlogo. Wohin Robert auch ging, begegnete er anderen mit derselben Leidenschaft; er traf Harley-Davidson-Fans im Postamt, im Theater, im Restaurant und in seinem Büro. Er fuhr zu Treffen, Ausstellungen und nahm an Sternfahrten teil. Überall. Wohin er auch blickte, überall waren Harleys.

Schließlich verliebte sich Robert in eine Frau, die seine Leidenschaft mit ihm teilte, und sie verbrachten ihre Freizeit auf der Suche nach den vielen Abenteuern des Lebens mit Ausflügen ins Hinterland. Bald machte ihr Robert einen Heiratsantrag (natürlich auf dem Motorrad), und sie nahm den Antrag an, indem sie ihn von hinten umarmte. Kurz nach den Flitterwochen verkündete sie ihm, sie sei schwanger und ihr Arzt habe ihr empfohlen, das Motorradfahren bis zur Geburt einzuschränken. Robert genoß nun, immer der treue Gatte und stolze werdende Vater, das Motorradfahren alleine. Bald war auch das Kinderzimmer mit allem Notwendigen ausgestattet. Und immer noch sah er überall, wohin er ging, Harley-Davidson-Motorräder.

Dann kam ihr Sohn zur Welt, der natürlich ebenfalls ein Motorradfan werden sollte. Bald nach der Geburt stieg Robert auf sein Motorrad, um die Kunde zu verbreiten und die traditionellen Zigarren zu verteilen. Aber jetzt geschah etwas Eigenartiges: Wohin er auch ging, an jeder Ampel und jeder Mautstelle, vor dem Postamt und in der Arbeit sah er überall Volvo-Kombis. Auf dem Rücksitz saßen immer Kinder in ihrem Kindersitz. Die Harley-Davidsons waren irgendwie verschwunden, und Volvo-Kombis schienen wie die Pilze aus dem Boden zu schießen – rote, schwarze, alte, neue. Sie waren einfach überall.

Robert überlegte sich, daß es ja keine großangelegte Rückrufaktion für Motorräder gegeben hatte, und es war auch unwahrscheinlich, daß irgend jemand Volvo-Kombis verschenkte. Robert erkannte schließlich, daß sich die Welt keineswegs geändert hatte – *er* hatte sich geändert. Die unsichtbaren, unbewußten Bilder, die sich tief in seinem Nervensystem bildeten, sagten ihm, seine Welt sei jetzt die Welt der Familie, die er sicher befördern mußte, Motorräder und Babys paßten nicht zusammen, der ruhige, verläßliche Schutz eines robusten Autos mit Platz für einen Kinderwagen und Windelkartons sei die neue Wirklichkeit. Die Harley-Davidsons verschwanden aus der Welt seiner unbewußten Vorstellungen und wurden durch ein völlig neues Paradigma ersetzt. Seine Wahrnehmung der Welt, seine Sicht des alltäglichen Lebens hatte sich durch äußere Veränderungen auf der physischen Ebene gewandelt.

Wenn Feng-Shui-Änderungen im alltäglichen Leben eintreten, beginnt man seine eigene neue Lebenshaltung zu schaffen, und diese neue Lebenshaltung wird auch die Weltsicht verändern. Dies läßt sich in keiner Weise verhindern. Dieser

Prozeß erinnert an die alten Bilderrätsel: Man sieht ein schönes Bild von einem Wald. Irgendwo in den Bäumen verbergen sich eine Eule, eine Schlange und ein Schmetterling. Wenn man das Bild betrachtet, sieht man nichts als Bäume, Laub und Blumen. Man kann sich nicht vorstellen, daß hier Tiere verborgen sein sollen. »Sieh genau hin«, sagt Ihr Freund – oder: »Streng dich nicht so sehr an, dann erscheinen sie von selbst!« Nach zehn Minuten wird plötzlich die Gestalt der Eule sichtbar, und schließlich erscheint auch die Schlange. Einige Sekunden später zeigt sich dann der Schmetterling auf einem Blatt – mitten auf dem Bild!
Wenn Sie künftig dieses Bild betrachten, sind diese Tiere immer sofort vorhanden, wiewohl Sie noch Augenblicke zuvor viel Geld verwettet hätten, daß sie nicht vorhanden seien. Ihre Wirklichkeit hat sich durch das Auftauchen von etwas Unerwartetem geändert. Bald ist dies selbstverständlich, und es gibt keinen Weg zurück.

Heilmittel entfernen

Aufgrund der Eindrücke, die solche Erfahrungen in Ihrem Gedächtnis hinterlassen, entsteht ein Erfahrungsmuster. Dann ist es sehr schwierig, diese »alten« Muster dauerhaft zu ändern. Wenn Sie feststellen, wie sehr sich Ihr Leben durch die Anbringung von Feng-Shui-Heilmitteln geändert hat, könnte es sein, daß Sie nur noch den Wunsch haben, das Telefon würde endlich aufhören zu klingeln und Sie würden nicht mehr mit Stellenangeboten oder Heiratsanträgen überschüttet werden. In diesem Fall sollten Sie mit einer entsprechenden Visualisierung sicherstellen, daß Ihr Leben so ausgerichtet ist, wie Sie es wirklich haben wollen.
Sammeln Sie aber nicht wieder Gerümpel an, um die Wir-

kung eines Heilmittels rückgängig zu machen. Versuchen Sie nicht, Ihre Eingangstür zu ändern, um Ihr Bagua zu »verschieben«. Sie haben immer die Möglichkeit, Ihr eigenes Leben und Ihre eigene Wirklichkeit zu schaffen, und mit ein wenig Übung werden Sie die Wirkung der Heilmittel ebenso leicht anpassen können, wie Sie die Lautstärke an Ihrer Stereoanlage verändern. Feng Shui ist ein *Entwicklungs*prozeß, und mit diesem ändern sich auch Ihre Erfahrungen. Falls Sie umziehen wollen und Ihnen Bedenken wegen der Heilmittel kommen, von denen Sie bisher profitiert haben, sollten Sie sich etwas Zeit lassen. Betrachten Sie das Bagua in Ihrer neuen Wohnung beziehungsweise Ihrem neuen Büro, und Sie werden gewiß sehr schnell erkennen, was getan werden muß. Jeder Ort ist völlig anders, selbst wenn es sich um genau denselben Grundriß handelt. Größe, Farben, Texturen, Strukturen und die räumliche Lage haben Einfluß auf das innere Bagua. Jeder Ort, für den Sie sich entscheiden, fügt sich in einer etwas anderen Weise in Ihr Leben ein, mit einer unterschiedlichen Frequenz oder auf einer anderen Schwingungsebene. Wenn Sie eine gewisse Sicherheit erlangt haben, könnte die Umstellung von Heilmitteln in derselben Umgebung wie das Verrücken von Möbeln eine gute Möglichkeit sein, das Strömen von Vitalenergie in Ihrer Umgebung und in Ihrem Leben zu verbessern.

14 Feng-Shui-Wirkungen am Arbeitsplatz

> Ich bin ein zu guter Geschäftsmann, als daß ich etwas ignorieren würde, was es schon seit dreitausend Jahren gibt.
>
> EIN INDUSTRIELLER UND MILLIARDÄR

Veränderungen am Arbeitsplatz

Es gibt heute Hunderte von inspirierenden Büchern und innovativen Seminaren und Workshops, mit deren Hilfe die Art des geschäftlichen Umgangs geändert werden soll. Firmen und gemeinnützige Organisationen rufen nach neuen Möglichkeiten, ihre Produkte und Dienste zu verkaufen; Manager und Arbeitnehmerorganisationen schreiben unter dem Druck der fernöstlichen Konkurrenz Verträge um, verwerfen alte Beschäftigungssysteme und erfinden den Arbeitsplatz neu. Katalogversand und »Geld zurück«-Garantien stärken die Stellung des Verbrauchers, und firmeninterne Gesundheitszentren, die Bekämpfung von Streß am Arbeitsplatz und Sensibilisierungstraining verbessern die Effizienz der Mitarbeiter und ihre Zufriedenheit am Arbeitsplatz. In den letzten Jahren sind so viele Veränderungen eingetreten, daß der Erfolg einer Firma vor allen Dingen in einer Abkehr vom »Business as usual« zu liegen scheint. In fast allen Bereichen der Wirtschaft ist Information Macht, und Innovation ist gleichbedeutend mit Gewinn.

Ein unerfreulicher Effekt dieser massiven Veränderungen liegt darin, daß die Arbeitsumgebung heute häufig weit von der natürlichen Welt entfernt ist. Gebäude mit Fenstern, die sich nicht öffnen lassen, liefern »frische Luft« aus Belüftungsschächten. Computerarbeitsplätze hüllen die Mitarbeiter in pulsierende elektromagnetische Ladungen ein. Schnurlose Telefone, die man sich dicht ans Gehirn hält, empfangen hochfrequente Wellen, die erhebliche schädliche Wirkungen auf das Nervensystem haben. Plastikpflanzen schmücken Eingangshallen mit künstlicher Beleuchtung. Aus Kopierern, Möbeln und Baustoffen entweichen giftige Gase, die langsam die Gesundheit beeinträchtigen. Überstunden, Spätschichten und Verkaufsvorgaben stören den natürlichen Rhythmus der inneren Uhr.

Es gibt allerdings Möglichkeiten, diese widernatürlichen Kräfte einzuschränken und ihre schädlichen Wirkungen aufzuheben. In manchen Ländern hat der Gesetzgeber Veränderungen vorgeschrieben, wie zum Beispiel die Anbringung von Abschirmungen an Monitoren oder die Beschränkung von Überstunden bei stark belastenden Tätigkeiten. Aber selbst diese Veränderungen ließen sehr lange auf sich warten. Es bedurfte dazu erst jahrelanger Untersuchungen und politischen Drucks.

Es gibt heute neue Forschungsrichtungen, die geopathischen Streß, das »Sick-Building-(Gestörte-Gebäude-)Syndrom« und andere umweltbedingte Erkrankungen untersuchen. Solche Forschungen geben interessierten Menschen die Möglichkeit, Verbesserungen am Arbeitsplatz vorzunehmen. Darüber hinaus kann jeder selbst die in diesem Buch erörterten Prinzipien anwenden, um den eigenen Arbeitsplatz gesünder und harmonischer zu gestalten, wovon auch andere Mitarbeiter profitieren.

Was man selbst tun kann

Nehmen Sie nach Ihrem nächsten Wochenende oder Urlaub am Montag eine Kopie des »Arbeitsblattes zu Kapitel 6« aus dem Anhang in Ihrer Brieftasche oder Aktentasche mit. Füllen Sie dann in derselben Weise, wie Sie Ihre Wohnung überprüft haben – von einem Ort der »Leere« aus –, das Arbeitsblatt für Ihr Büro, Ihr Geschäft oder Ihre Werkstatt aus. Bitten Sie außerdem, wenn möglich, einige Freunde, dies – wie bei Ihrer Wohnung – ebenfalls zu tun. Treten Sie dann im Geiste einen Schritt zurück, und werfen Sie einen objektiven Blick auf die Ergebnisse. Konnten Sie einen markanten Unterschied des Geräuschpegels feststellen? Waren Sie oder Ihre Freunde sich ungewöhnlicher Geräusche bewußt, die zum Beispiel von summenden Festplatten, der Klimaanlage oder elektrischen Geräten verursacht wurden? Fiel Ihnen eine Änderung der Luftqualität auf? Gibt es andere Aspekte der Umgebung, die die Gesundheit beeinträchtigen könnten? Der erste wichtige Schritt liegt einfach darin, sich Sachverhalte bewußtzumachen, auf die man die ganze Zeit nicht geachtet hat.
Stellen Sie als nächstes ein Bagua-Raster für Ihr Büro oder Ihren Betrieb her, und ermitteln Sie, wo die Häuser liegen. Suchen Sie negativen Raum und Projektionen, und prüfen Sie, wie bestehende Umstände hiervon beeinflußt sein könnten. Betrachten Sie die Wandfarben, die Form der Schreibtische und dekorativen Gegenstände. Ist zuviel Wärme vorhanden? Besteht schneidendes Ch'i? Stellen die Bilder, Fotografien oder Zeichnungen dasjenige dar, was Sie an dieser Stelle erzeugen wollen?
Sprechen Sie mit einem Mitarbeiter darüber, was die Veränderungen in Ihrem eigenen Haus bewirkt haben, und überlegen Sie, welche Vorschläge Sie bei Ihrem Chef oder Büroleiter machen könnten. Möglicherweise müssen Sie die Leucht-

röhre mit natürlicherem Licht oder die neue Pflanze für das Büro selbst kaufen, falls Ihr Chef nicht interessiert oder »kein Geld da« ist. Wenn Sie bedenken, daß Sie ein Viertel Ihres Lebens in dieser Umgebung verbringen, dann könnte das Geld für solche positiven Veränderungen doch gut angelegt sein. In vielerlei Hinsicht ist Ihr Arbeitsplatz ebenso wichtig wie Ihr Schlafzimmer!

Ihr persönlicher Arbeitsplatz

Büros sind Besprechungs-, Versammlungs- und Arbeitsbereiche, in denen die Energien der Wandlungsphasen Erde und Metall wirken. Um in Ihrer Arbeitsumgebung eine gleichmäßige und ausgewogene Verteilung von Energie sicherzustellen, sollten Sie zunächst darauf achten, daß das ganze Büro harmonisch beleuchtet ist. Setzen Sie in den einzelnen Bereichen Tischleuchten ein, aber achten Sie darauf, daß nicht der ganze Raum voller Spotlights ist.
Räumen Sie Ihren Schreibtisch beziehungsweise Arbeitsplatz auf. Befreien Sie sich von Gerümpel, und organisieren Sie Ihre Ablage. Der Schreibtisch spiegelt immer das Gehirn und die Eingeweide wider. Sorgen Sie dafür, daß der Papierkorb nicht im Bereich Wind steht.
Horizontale statt vertikale Organisationssysteme sind geeigneter, wenn das Gefühl besteht, zuviel Arbeit zu haben. Aufeinandergestapelte Korrespondenzablagen im Büro können das Gefühl vermitteln, daß sich die Arbeit endlos anhäuft. Nehmen Sie den Papierstapel und anderen Ramsch aus dem Bereich der glückhaften Segnungen, und bringen Sie dies in Ordnung. Stellen Sie statt dessen an diese Stelle einen schönen Kristall, eine Blumenvase oder eine Pflanze. Sorgen Sie dafür, daß der Bereich Erde Beziehungen begünstigt. Ein

Lieblingsfoto oder ein schöner Gegenstand ist hier günstiger als liegengebliebene Korrespondenz und überfällige Rechnungen. Gehen Sie jeden Bereich des Bagua durch, und treffen Sie eine bewußte Entscheidung, was Sie wo haben möchten, und setzen Sie Heilmittel ein, wo Ihnen dies notwendig erscheint. Beachten Sie die Hinweise, wie man am besten wirksame Heilmittel anbringt.

Durch die Gestalt Ihres Büros liegt schon fest, welche Art von Arbeit in ihm am besten gelingt. Quadratische oder annähernd quadratische Büros ziehen das meiste Geld an. Unregelmäßige Grundrisse wie L-Formen oder sehr schmale Rechtecke mit Durchgängen oder Nischen bilden eine Umgebung, in der es schwieriger ist, Projekte zu vollenden. Dreieckige Büros beziehungsweise die Verwendung von Dreiecks- oder Rautenmustern auf Möbeln oder in Teppichen erzeugen Konflikte und führen zu finanziellen Einbußen.

Die Decken in Managementbüros müssen höher sein als diejenigen in den unterstützenden Dienststellen nebenan, nicht umgekehrt. Bringen Sie keine Lichtanschlüsse, Pflanzen, Mobiles oder andere Objekte über Schreibtischen an. Oberlichter unmittelbar über Schreibtischen zerstreuen die Energie, sofern sie nicht sehr hoch liegen.

Die Aufstellung des Schreibtischs

Ideal ist es, wenn ein Schreibtisch der Tür gegenüber und möglichst weit von ihr entfernt steht. Hinter ihm sollte sich möglichst eine feste Wand, kein offenes Fenster befinden, so daß sich in dieser Ecke Energie sammeln kann. Am günstigsten ist es, wenn dieser Bereich das Haus des Windes, der glückhaften Segnungen ist.

Der Schreibtisch sollte parallel zur Wand, nicht in einem

schiefen Winkel stehen, da dadurch eine Empfindung des Widerstreits im Raum erzeugt würde. Weiterhin sollte er auch nicht zu nahe an einer Ecke stehen, wodurch ein Gefühl der Beschränkung entstehen könnte. Wie im Falle von Betten darf er niemals vor einem Spiegel stehen (Sie bekommen sonst doppelt soviel Arbeit)!
Hinter einem Chefschreibtisch darf kein Durchgang sein, und an der Wand über dem Schreibtisch darf kein ausdrucksstarkes Kunstwerk hängen, da dies Besucher ablenken würde. Kunstwerke, Kalender, Fotografien, Diplome und ähnliches kann man auch in anderen Bereichen des Büros aufhängen.

Größe, Form und Oberfläche des Schreibtisches

Der Schreibtisch sollte einerseits so groß sein, daß man eine ausreichende Arbeits- und Ablagefläche hat, und andererseits so klein, daß alles leicht greifbar ist. Sehr große Schreibtische sind vielleicht beeindruckend, können aber die Effizienz verringern. Zu kleine Schreibtische wiederum können zu Frustration führen.
Quadratische und rechteckige Schreibtische und solche mit rechten Winkeln und scharfen Kanten sind eher für kaufmännische Betriebe geeignet, in denen es vor allen Dingen darum geht, Geld zu verdienen. Geschwungene, ovale oder runde passen besser in Umgebungen, in denen die Kreativität im Vordergrund steht. Wenn materieller Erfolg und Kreativität gleichermaßen wichtig sind, sollten Sie einen Schreibtisch wählen, der elegante Linien mit klaren, rechtwinkligen Kanten verbindet, wobei jedoch darauf zu achten ist, daß an den Ecken kein schneidendes Ch'i entsteht. Gegebenenfalls kann man die Ecken abrunden.
Die Oberfläche sollte möglichst nicht spiegeln, da dies rasch

zu Augenbeschwerden und Ermüdung führt. Schwarze Schreibtische oder solche mit anderen Farben, die einen starken Kontrast erzeugen, verlangsamen Ihre Arbeitsleistung. Weiterhin ist es wichtig, daß Sie Ihre Arbeit gut »im Blick« haben – sie sollte weder hervorstechen noch auf der Oberfläche des Schreibtischs verschwinden. Schreibtische für unterschiedliche Zwecke sollten harmonisch und symmetrisch sein und den Eindruck von Ruhe und Organisation vermitteln.

Das Telefon

Neben dem Computer und der Textverarbeitung ist das Telefon wahrscheinlich das wichtigste elektronische Gerät in Ihrem Büro. Wie leicht es sich bedienen läßt, hängt zum größten Teil von der richtigen Plazierung ab. Achten Sie darauf, daß die Leitungen nicht sichtbar sind und daß Sie insbesondere das Spiralkabel zwischen Apparat und Kopfhörer nicht quer über die Arbeitsfläche ziehen müssen. Auch sollte beim Sprechen am Telefon die Wirbelsäule gerade gehalten werden, damit ein Kanal zwischen Himmel und Erde entsteht und die Kommunikation klar und voller Energie ist. Wenn Sie den Hörer zwischen Kopf und Schulter einklemmen, verkrümmt dies Hals und Wirbelsäule und führt zu einer schnellen Ermüdung und Blockierung des Ch'i.
Wenn Sie ein schnurloses Telefon besitzen, stellen Sie die Feststation nicht auf Ihren Schreibtisch, und geben Sie das Handgerät erst am Ende des Tages wieder in die Feststation zurück. Bei Mobiltelefonen, bei denen Sender und Empfänger im Handgerät integriert sind, besteht ein erhebliches Risiko übermäßiger Einwirkung von schädlicher elektromagnetischer Strahlung. Dies hat Auswirkungen auf das Zentralner-

vensystem und kann die Immunabwehr schwächen. Wenn Sie bereits daran gewöhnt sind, ein Mobiltelefon zu benutzen, sollten Sie dies mit größter Vorsicht tun und versuchen, die Nutzung auf ein Mindestmaß zu beschränken.

Tägliche Reinigung der Umgebung

Ermüdung im Büro ist oft auf das Vorhandensein positiver Ionen in der Umgebung zurückzuführen, die hauptsächlich durch elektronische Geräte und Sauerstoffmangel entstehen. Neben den vielen modernen Geräten, die heute für den Ausgleich elektromagnetischer Schwingungen zum Schutz von Büromitarbeitern erhältlich sind, können Sie die negativen Ionen in Ihrer Umgebung einfach dadurch vermehren, daß Sie die Oberfläche Ihres Schreibtisches täglich mit klarem Wasser abwaschen. Wenn Sie dies tun, sooft Sie Ihren Papierkorb leeren, haben Sie immer eine saubere und gesunde Arbeitsumgebung.
Wenn Sie mit bewußter Aufmerksamkeit darangehen, Ihr Büro nach Bagua-Erfordernissen zu gestalten und Ihre ganze Arbeitsumgebung zu harmonisieren, werden Sie Ihre Kreativität und Ihren Erfolg in beeindruckender Weise steigern können. Lehnen Sie sich dann zurück und genießen Sie. Wunder sind möglich!

15 Unendliche Verbindungen

Feng Shui am Körper

Auch am menschlichen Körper kann man Manifestationen des Bagua und der Trigramme des *I-ching* entdecken. Ein geschulter Physiognom weiß, daß »das Gesicht niemals lügt«, und gerade hier zeigt sich das Bagua am deutlichsten.
Weil der Mensch nicht von seiner Umwelt getrennt ist, stehen sein Gesicht und seine Wohnung in einem engen Zusammenhang. Die »Eingangstür« zum Gesicht ist der Mund, der sich damit in der Position des Wassers befindet. Das Haus des Feuers, das für Erleuchtung steht, fällt auf den Bereich der Zirbeldrüse, der als »drittes Auge« bezeichnet wird. Damit sind auch die übrigen Häuser festgelegt, und das Bagua gewinnt als Ausdruck des eigenen Lebens neue Bedeutung.
Viele andere Symbole der acht Trigramme können ins Spiel gebracht werden, wenn man das Bagua personalisiert, indem man das eigene Gesicht betrachtet. So weisen zum Beispiel Schatten im Bereich des Mundes auf eine Stagnation im Haus des Wassers hin, womit sich beginnende Probleme bei der Reise, dem Lebensweg offenbaren. Hautunreinheiten im Bereich Donner oder See sind ein Hinweis auf Unordnung, die gleichzeitig in denselben Zonen des Hauses und des Lebens bestehen wird. Dem geschulten Auge offenbart das Gesicht durch Feng Shui ebensoviel über das Schicksal eines Menschen wie ein guter Grundriß oder eine Fotografie des Hauses.

Der gesamte menschliche Körper ist wiederum eine Abspiegelung des ganzen Bagua. Probleme in einem Bereich werden auch im Hause und am Arbeitsplatz und in den Ereignissen des täglichen Lebens auftreten. Ein intensives Studium der traditionellen chinesischen Medizin und der Trigramme als Symbole am Körper offenbart die untrennbaren Beziehungen des Menschen mit seiner Umgebung.

Unterschiede zwischen Mann und Frau

In gewissem Umfang bestimmt das Geschlecht das Schicksal. Aufgrund der biologischen Tatsachen wird ein Mann niemals ein Kind gebären und eine Frau niemals Sperma erzeugen und in den Schoß einer anderen Frau einpflanzen können. Die universellen Gegensätze Himmel und Erde, die als Yin und Yang bezeichnet werden, symbolisieren die Energien von Mann und Frau – wobei alle hier genannten Eigenschaften Urprinzipien beschreiben und in keiner Weise wertend, schon gar nicht »moralisch«, gemeint sind. Das Trigramm Himmel besteht aus drei ungebrochenen Linien (Yang), das Trigramm Erde aus drei gebrochenen Linien (Yin).
Die Gestalt des eigenen Hauses ist gewissermaßen ein genetischer Abdruck des individuellen Geschlechts. Gleichgültig, wie man sich kleidet oder welche sexuelle Orientierung man hat, unterliegt doch alles einer biologischen Differenzierung, die schon vor der Geburt vorhanden ist. Man kann einem Haus, dessen Umriß eine größere Yang-Aufladung erzeugt, Lilien und Spitzen hinzufügen, aber die Struktur besitzt doch eine dominierende Energie.
Wenn eines der primären Yang-(Himmel-) oder Yin-(Erde-) Häuser im Bagua der Wohnung oder des Arbeitsplatzes fehlt, so daß negativer Raum entsteht, dann wird es für das Ge-

schlecht, dessen Haus fehlt, schwierig sein, sich dort über längere Zeit wohl zu fühlen. Diese Wirkung ist natürlich individuell verschieden, weil manche Männer ein eher weibliches, empfängliches Wesen haben und manche Frauen eine gewisse männliche, kreative Energie.

Diese Symbole haben jedoch auch noch andere Aufladungen, die über einfache Persönlichkeitsmerkmale hinausgehen. Die untenstehende Übersicht stellt die im Bagua vorhandenen Energien in ihrem Zusammenhang mit den Trigrammen dar. Man kann sie bezüglich der nachfolgenden Aspekte als sich ergänzende Gegenspieler (komplementäre Antagonismen) betrachten, die *ohne* einander nicht denkbar wären.

Yang	*Yin*
Materiell	Spirituell
Das Selbst	Selbstlos
Physisch	Emotionell
Intellekt	Intuition

In einem Haus, in dem im Bereich Himmel oder Erde eine Projektion vorhanden ist, oder in den beiden Trigrammen direkt gegenüber diesem komplementären Paar, Wind und Berg, sind gesteigerte Yang- beziehungsweise Yin-Energien vorhanden. Wenn im Grundriß des Hauses auch negativer Raum vorhanden ist, dann werden die zugehörigen Yin- und Yang-Energien wie in der obigen Auflistung angegeben fehlen.

Besondere Sorgfalt ist bei der Betrachtung eines Hauses oder Büros mit einem extrem ungewöhnlichen oder unharmonischen Grundriß geboten. Man kann hier zwar die Wirkung von negativem Raum verringern, aber es ist kaum möglich, sie ganz zu beseitigen.

In der ersten Abbildung sind die Häuser von Wind und Himmel Projektionen, die Yang-Kräfte bezüglich dieser Energien betonen. Im allgemeinen werden sich Männer in einem solchen Haus wohl fühlen, Frauen dagegen nicht. Männliche und weibliche Bewohner sind wahrscheinlich eher an materiellen Dingen, dem Intellekt und der Selbstentwicklung orientiert. Andererseits sind Menschen in Häusern mit diesem Grundriß, wenn sie Erfolg haben, in natürlicher Weise hilfreich und mit der Energie des Himmels aufgeladen.

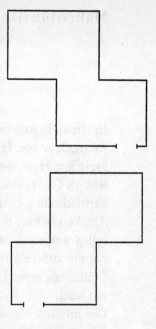

In der nächsten Skizze können Erde und Berg als Projektionen betrachtet werden, die die Aufladung mit Yin-Energie steigern. Frauen fühlen sich hier eher wohl als Männer. Die Bewohner eines solchen Hauses achten meist mehr auf ihre Intuition und Empfindungen und eine Haltung der Selbstlosigkeit, und sie sind in der Anhäufung von Reichtum und materiellem Besitz weit weniger geschickt als die Bewohner des in der Skizze zuvor gezeigten Hauses. Dieses Haus erzeugt andererseits Weisheit durch Lebenserfahrung, wodurch eher materielle Schwierigkeiten entstehen, dafür ist aber eine größere emotionelle und spirituelle Reife vorhanden.

Makrobiotik

> Keine Speise ist verboten, es sei denn, Ihr Körper sagt Ihnen dies.
>
> LIMA OHSAWA: MAKROBIOTIC CUISINE

In einem bestimmten Haus, in dem wir alle wohnen, ist die Architektur von Himmel und Erde perfekt: in unserem biologischen Haus, dem Körper. Die wahre Natur des Menschen lebt als Geist oder Energie in einer perfekt geordneten und harmonischen Form. Wenn der Körper richtig ernährt, von Abfällen befreit und einfühlsam gepflegt wird, heilt er sich selbst aufgrund natürlicher Gesetze, derselben Prinzipien, die die äußere Umwelt regieren. Diese Prinzipien sind die Grundlage einer Lebensweise, die als Makrobiotik bezeichnet wird.

Die meisten Menschen halten Makrobiotik für eine Ernährungsweise mit ungeschältem Reis, Gemüse und anderen Speisen, die in bestimmten Mengenverhältnissen gegessen werden. Die Mehrzahl derjenigen, die nur ungenügend Bescheid wissen, glauben, daß dies eine karge, fade und sogar gefährliche Ernährungsweise von Gesundheitsaposteln ist, die nichts auf die moderne Wissenschaft geben.

Wer so denkt, sollte einmal die Möglichkeit in Betracht ziehen, daß das meiste, was er über Makrobiotik zu wissen glaubt, in Wirklichkeit nur ein Durcheinander ist. Er stelle sich einmal vor, er habe eine Schachtel mit 237 Stücken von dreizehn Puzzles geöffnet, die jeweils aus hundert Teilen bestehen. Die einzelnen Puzzles könnten nicht fertig werden, und er könnte sich aller Wahrscheinlichkeit nach nur ein sehr unvollständiges Bild davon machen, was auf den einzelnen Puzzles dargestellt ist. So ergeht es ihm mit seinem Bild über die Makrobiotik.

Makrobiotik ist keineswegs eine Ernährungslehre, sondern eine Lebensweise auf der Grundlage der zeitlosen Prinzipien des *Wandels* und der *Wahl*. Indem Sie bestimmte einfache Speisen, Übungen und Praktiken nach und nach in Ihr Alltagsleben integrieren, stimmen Sie sich immer mehr auf eine schon vorhandene Harmonie und Ordnung ein. Um diese Ordnung wahrzunehmen, braucht man keineswegs irgend etwas aufzugeben (sofern man dies nicht unbedingt will); andererseits sind die jahrelangen Erfahrungen von Millionen von Menschen in der ganzen Welt der Beweis dafür, daß man durch den Genuß natürlich belassener Speisen sein Leben besser im Griff hat.

Die meisten Kulturen haben sich jahrhundertelang hauptsächlich von Vollkorngetreide wie Reis, Mais, Hafer, Weizen und Gerste und von Vollkornprodukten wie Brot, Pfannkuchen, Fladen, Teigwaren und Puddinggerichten ernährt.

Das aus dem Griechischen stammende Wort »Makrobiotik« beschreibt die Kunst, Gesundheit und ein langes Leben durch Harmonie mit der Umwelt zu erlangen. In unserer Zeit hat der japanische Philosoph George Ohsawa diesen Begriff für eine natürliche Lebensweise neu entdeckt, in dem zum Ausdruck kommt, wie ein gesunder Mensch das Leben sieht – *makrós* heißt »lang, groß, hoch«, und *biotikós* bedeutet »das Leben betreffend«. Insbesondere kann man infolge der entsprechenden Ernährung ein großartiges Erdendasein voller Abenteuer, Freiheit und Kreativität erwarten. Ohsawa verbrachte die meiste Zeit damit, die makrobiotische Philosophie und Ernährungsreform in aller Welt zu verbreiten. Nach seinem Tode Mitte der sechziger Jahre haben einige seiner Freunde und Schüler, heute selbst angesehene Lehrer, sein Werk fortgeführt.

Makrobiotik berücksichtigt die Evolution der Menschheit, die Beziehung des »Homo sapiens« zu seiner Umwelt und seine individuellen Bedürfnisse. Die makrobiotische Ernährungsweise kann nicht nur vorbeugend zur Erhaltung einer guten Gesundheit, sondern auch therapeutisch bei Krankheiten eingesetzt werden, wenn man in natürlicher Weise wieder gesund werden will.

Die Grundlagen makrobiotischer Ernährung werden zwar in vielen traditionellen Kulturen praktiziert, doch ist ihre philosophische Basis das Studium des Wandels, das heißt der Prinzipien der Relativität, von Yin und Yang, der Grundlage der ganzen östlichen Philosophie, Kultur, Kunst und Medizin.

Das vereinheitlichende Prinzip

Wenn man seine alltäglichen Gedanken und Aktivitäten beobachtet, kann man leicht sehen, daß alles in Bewegung ist oder, mit anderen Worten, sich alles im Wandel befindet. Elektronen kreisen um einen zentralen Kern im Atom, die Erde dreht sich um ihre Achse, während sie die Sonne umkreist, das Sonnensystem kreist um das Zentrum der Milchstraße, und die Milchstraßen bewegen sich mit immenser Geschwindigkeit voneinander fort. Hierin ist jedoch ein geordnetes Muster erkennbar. Auf den Tag folgt die Nacht, auf den Winter der Sommer und auf diesen wiederum der Winter; gewöhnlich steht man am Morgen auf, ist tagsüber aktiv und begibt sich nachts zur Ruhe und schläft.

Auf der Grundlage dieser einfachen Erkenntnis kann man alle Erscheinungen in zwei Kategorien gliedern: Yin und Yang. Weil dies relative Begriffe sind, ist jedoch nichts in der Welt absolut Yin oder absolut Yang; alle Erscheinungen besitzen beides in unterschiedlichem Maße.

Yin und Yang gehen in einem unaufhörlichen Kreislauf ineinander über, wie sich dies auch im Wechsel von Tag und Nacht, von Winter und Sommer sowie von Ein- und Ausatmung ausdrückt. Zusammenziehung (Yang) erzeugt Wärme, die schließlich Ausdehnung (Yin) verursacht; Ausdehnung erzeugt Kälte, die wiederum zu Zusammenziehung führt. Aus diesem Grund sind Pflanzen, die in einem kühleren nördlichen (Yin) Klima wachsen, meist kleiner, während Pflanzen in einem wärmeren (Yang) Klima in der Regel größer sind.

Ernährung und Gesundheit

In der heutigen Welt ist das Bewußtsein dafür, wie wichtig gute Ernährung für eine gute Gesundheit ist, weitgehend verlorengegangen. In primitiveren Gesellschaften war dies immer bekannt und die Grundlage der Heilkunst. Die Nahrung erhält uns am Leben. Durch das Pflanzenreich sind alle Grundkräfte des Lebens in einer Form zusammengefaßt, die der menschliche Organismus nutzen kann. Durch die Vermittlung des Pflanzenreichs nehmen wir Sonne, Erde, Wasser und Luft auf. Essen heißt, die ganze Umgebung in sich aufzunehmen.
Die Makrobiotik schreibt keine bestimmte Diät vor. Weil die Menschen verschieden sind, in unterschiedlichen Umgebungen leben, andere Bedürfnisse haben und andere Arbeiten verrichten, gilt für jeden eine individuelle Ernährungsform. Heute wenden Hunderttausende in aller Welt bei der Auswahl und Zubereitung ihrer täglichen Speisen und zur Wiederherstellung von Gesundheit und Glück makrobiotische Prinzipien an. Hunderte von Zentren in aller Welt unterweisen Interessierte in makrobiotischen Prinzipien.

Klassifizierung

Um eine ausgewogene Ernährung zusammenstellen zu können, muß man die Speisen in Yin und Yang klassifizieren. Verschiedene Faktoren im Wachstum und der Struktur von Speisen geben einen Hinweis darauf, ob diese überwiegend Yin oder Yang sind. Weil alle Speisen Yin- und Yang-Eigenschaften haben, muß man bei der Klassifizierung feststellen, welcher Faktor überwiegt.

Yin-Energie erzeugt	*Yang-Energie erzeugt*
Wachstum in einem warmen Klima	Wachstum in einem kühlen Klima
Wasserhaltige Speisen	Trockene Speisen
Früchte und Blätter	Stengel, Wurzeln und Samen
Wachstum in die Höhe	Wachstum unter der Erde
Scharfe, aromatische Speisen	Salzige und saure Speisen

Yin-Yang-Wachstumszyklen

Eines der genauesten Klassifizierungsverfahren ist der Wachstumszyklus von Speisepflanzen. Im Winter ist das Klima sehr kalt (Yin); während dieser Zeit steigt die Wachstumsenergie in das Wurzelsystem ab. Die Blätter welken und sterben ab, während der Saft in die Wurzeln absteigt und sich die Lebenskraft der Pflanze verdichtet. Speisepflanzen, die im Spätherbst und Winter angebaut werden, sind trockener und haben eine konzentriertere Qualität. Sie sind sehr gut zur Lagerung geeignet. Beispiele hierfür ist Wurzelgemüse wie Karotten, Pastinaken, weiße Rüben und Zwiebeln.
Im Frühjahr und Frühsommer steigt die Energie vieler Pflanzen nach oben, und wenn es wärmer wird (Yang), erscheint

immer mehr junges Gemüse. Diese Pflanzen haben eher Yin-Natur. Sommergemüse ist wasserreich und verdirbt schnell. Es hat eine kühlende Wirkung, die in warmen Monaten erwünscht ist. Im Spätsommer hat die Wachstumsenergie ihren Höhepunkt erreicht, und die Früchte reifen. Sie sind meist wässerig und süß und entwickeln sich höher über dem Boden. Diesen Jahreszyklus kann man auf denjenigen Teil der Welt anwenden, in dem das Nahrungsmittel wächst. Nahrung, die aus einem heißen, tropischen Klima mit üppiger Vegetation kommt, ist eher Yin, während Lebensmittel aus einem kühleren Klima eher Yang sind.
Nahrungsmittel, die um dieselbe Jahreszeit wachsen, kann man anhand ihres allgemeinen Wachstumsmusters klassifizieren. Das Wurzelsystem wird von Yang-Energie regiert, der absteigenden Tendenz. Blätter und Stengel werden von Yin-Energie regiert. Diese Energie äußert sich in der vorherrschenden Wachstumsrichtung.

Die Bedeutung von Vollkorngetreide

Jahrhundertelang war Getreide das Hauptnahrungsmittel der Menschheit. Dies gilt insbesondere für die großen Weltkulturen. Die Bedeutung des Getreides in unserer Entwicklung ist unübersehbar. Erst in relativ neuerer Zeit ist der Verzehr von Vollkorngetreide zugunsten des Verzehrs von tierischen Speisen wie Molkereiprodukten und Fleisch sowie von Kohlehydraten wie Zucker und Weißmehl stark zurückgegangen. Es wird aber heute kaum mehr bestritten, daß diese Veränderung der Ernährungsgewohnheiten die Ursache eines großen Teils der Gesundheitsprobleme unserer technikorientierten Kultur ist.
Getreide ist einzigartig unter unseren Speisen; es ist Anfang

und Ende des Wachstumszyklus, Same und Frucht zugleich. Aus diesen Gründen sowie wegen der Eigenschaft von Getreide, sich gut mit Gemüse zu einer gesunden Kost kombinieren zu lassen, ist Getreide das wichtigste Element der makrobiotischen Ernährung.

Zubereitung

Die Zutaten für die makrobiotische Küche sind einfach zu beschaffen, und die Zubereitung ist der Schlüssel zur Herstellung von nahrhaften, köstlichen und ansprechenden Mahlzeiten. Der Koch kann die Qualität der Speisen verändern. Mehr Kochaufwand (der Einsatz von Druck, Salz, Wärme und Zeit) konzentriert die Energie der Speisen. Schnelles Kochen und wenig Salz erhält die leichteren Qualitäten. Ein guter Koch tut etwas für die Gesundheit derjenigen, für die er kocht, indem er die verschiedenen Kochstile abwandelt.

Kauen ist eine wichtige Ergänzung der makrobiotischen Ernährung. Man kann es sich auch als eine Form der Zubereitung vorstellen. Man soll sein Essen ruhig und in Dankbarkeit verzehren. Am besten drückt man diese Dankbarkeit dadurch aus, daß man sorgfältig kaut, damit die Speisen gut verdaut und vom Körper besser verwertet werden können.

Die makrobiotische Lebensweise

Makrobiotik ist letztlich eine Einstellung gegenüber dem Essen, wie sie der gesunde Menschenverstand gebietet. Die Ernährung ist der bedeutendste Faktor bei der Entstehung degenerativer Krankheiten. Angesichts des verstärkten Auftretens degenerativer Krankheiten und des allgemein schlechten

Gesundheitszustandes der Weltbevölkerung ist die makrobiotische Lebensweise eine vernünftige Alternative zu unseren denaturierten und devitalisierten Speisen. Die Rückkehr zu einer Ernährung, die mehr derjenigen unserer Vorfahren entspricht, ist unerläßlich, wenn die Menschheit wieder zu Gesundheit und Lebenskraft gelangen soll. Makrobiotik ist letztlich inneres Feng Shui. Man kann mit nichts sein Leben so nachhaltig verändern wie mit einer Ernährung und Lebensweise, die auf makrobiotischen Grundlagen ruht. Die Harmonisierung des inneren Bagua durch die tägliche Ernährung ist der eigentliche Schlüssel zur Praxis des intuitiven Feng Shui. Dies ist wahre Freiheit.

Anhang

Danksagungen

Es ist mir eine Ehre, an dieser Stelle den vielen Menschen, die das vorliegende Buch möglich gemacht haben, meine tiefe Wertschätzung und meinen herzlichen Dank aussprechen zu dürfen. Die Materialsammlung für dieses Buch hatte eigentlich, schon lange bevor mir klar wurde, daß ich es schreiben würde, und bevor ich mich intensiver mit Feng Shui und dem enormen damit verbundenen Wissensschatz befaßte, begonnen. Wie vielen jungen Menschen war auch mir als Kind nicht bewußt, wie sehr die Begeisterung meines Vaters für ein bestimmtes Thema mein späteres Leben beeinflussen sollte, und doch sehe ich jetzt als Erwachsener mit eigenen Söhnen noch das Leuchten in seinen Augen, wenn wir miteinander an magischen Quadraten arbeiteten. Dies ist mir in dauerhafter Erinnerung geblieben. Daher ist das Buch ihm gewidmet.

Vielen engen Freunden, Lehrern und Kollegen verdanke ich wichtige Einflüsse, insbesondere seit Anfang der siebziger Jahre, als ich nach Europa kam. Sie alle haben ihren jeweils besonderen Beitrag zu meinen Einsichten über das Leben, die Philosophie, die Geschichte, die Architektur, die Geomantie, das Design und das Heilen geleistet. Jens Bloch in Kopenhagen lehrte mich, daß das Leben Magie ist, und der australische Architekt John Sunderland inspirierte mich mit seiner eigenen persönlichen Odyssee mehr, als er jemals ahnen konnte. Zahllose Freunde, die ich hier nicht alle aufzählen kann – sie alle Angehörige einer ganz besonderen Familie –, behalte ich im Rückblick auf die Jahre, die ich in Cincinnati, Ohio, zubrachte, in dankbarer Erinnerung.

Michio und Aveline Kushi zählen zu jenen seltenen Lehrern, deren Leben und unermüdlicher Einsatz für andere Menschen so unermeßlich wertvoll sind. Ich danke ihnen aus tiefstem Herzen für ihre

Unterstützung und Freundschaft im Laufe von über fünfundzwanzig Jahren. Michael Rossoff und Jeanne Sloane öffneten mir ihr Herz und Haus und gewährten mir beständige Unterstützung und Ermunterung auf meinem Weg. Ihnen beiden gilt mein herzlichster Dank. Takashi Yoshikawa half mir, mein Verständnis in vielerlei Hinsicht zu vertiefen, und ist mir nach wie vor eine unschätzbare Quelle der Weisheit. Carol Anthony, der ich noch nicht einmal persönlich begegnet bin, war und ist eine Mentorin beim Studium der Divination und Meditation. Ihre Schriften über das *I-ching* zählen zum Klarsten und Erkenntnisreichsten, was heute verfügbar ist.

Bei meiner Arbeit als Feng-Shui-Lehrer und Berater für private Klienten waren mir viele Gruppen und Einzelpersonen eine große Hilfe. Der Stab und die freiwilligen Mitarbeiter der Community Health Foundation in London, des International Macrobiotic Institute IMI in der Schweiz und der Australian School of Macrobiotics, insbesondere ihr Direktor Roger Green, haben meine Arbeit außerordentlich großzügig unterstützt. Sie alle und die Tausende von Menschen, die an meinen Seminaren teilgenommen haben, waren für mich eine Quelle der Inspiration. Malca Narol war mir eine große Hilfe bei der Skizzierung des Entwurfs zu diesem Manuskript, und Ron Rosenthal half mir, mein anfängliches Zögern bezüglich dieses Projekts zu überwinden. Ihnen beiden danke ich für ihre Unterstützung.

Erica Smith von Harper Collins in London half mir, das Thema zu vereinfachen. Lisa Bach von Harper San Francisco nahm das Projekt mit großem Enthusiasmus in Angriff. Virginia Rich nahm als Lektorin Veränderungen vor, ohne die dieses Buch unlesbar gewesen wäre, und Rosana Francescato war eine große Stütze bei der endgültigen Fertigstellung des Manuskripts und der Einarbeitung letzter Änderungen. Sharon Rothman schuf fröhlich sehr viel mehr Zeichnungen, als schließlich in dieses Buch aufgenommen werden konnten – sie werden die Wände meines Büros als beständige Erinnerung daran zieren, wieviel Spaß wir mit den Fallgeschichten hatten. Elaine Colvocoresses und Maryann O'Hara, meine persönlichen Assistentinnen in meinem Büro, leisten als engagierte und professionelle Mitarbeiterinnen konstant hervorragende Arbeit. Allen diesen Menschen danke ich für ihren großen Einsatz.

Gina Lazenby, meine Freundin, Kollegin und Assistentin in London, bemühte sich unermüdlich und konsequent darum, diesem besonderen Thema die verdiente Aufmerksamkeit zu verschaffen. Ich danke ihr ganz besonders für ihren Einsatz.

Die Teilnehmer an meinen Feng-Shui-Kursen in aller Welt haben mir nichts ungeprüft abgenommen und mich bei ihrer Suche nach Klarheit stets in die Pflicht genommen. Sie alle haben mir viel mehr gegeben, als sie vielleicht ahnen. Ich danke ihnen allen für ihre wertvollen Fragen und Kommentare. Ganz besonders danken möchte ich meiner Mutter Martha Ringel für die Ermunterungen und die Berichtigungen an meinem ersten Manuskript. An ihr ist eine Lektorin verlorengegangen! Meine Schwester Patricia Lemer gab mir nach der Durchsicht meiner Niederschrift wertvolle Ratschläge, die die Organisation des ganzen Buches durchsichtiger machten. Sie war immer für mich da, was ich in Dankbarkeit anerkenne. Der Leser sollte wissen, daß die Beiträge all jener Menschen, die ich hier erwähnt habe, und derjenigen, die ich vielleicht unabsichtlich vergessen habe, nur den Stil, den Kontext und die Reihenfolge betrafen. Alle Ungenauigkeiten, mangelnde Klarheit oder Versehen gehen zu meinen Lasten.

Meiner erstaunlichen Familie gelten mein tiefster Dank und meine Liebe. Jonah, Joshua und Micah haben mich zu allen Stunden des Tages und der Nacht kommen und gehen, arbeiten, reisen und schreiben sehen. Ich war erleichtert, als das Buch fertiggestellt war, vor allem nachdem mich Joshua eines Abends zwischen Seminaren in Europa und Kalifornien fragte, ob ich nur zu Besuch sei oder bleiben werde. Schließlich danke ich meiner Frau Joan, meiner ewigen Liebe, für alles, was sie mir durch ihre endlose Unterstützung, ihre beständige Ermunterung und ihre Treue gegeben hat und weiterhin gibt.

WILLIAM SPEAR
LITCHFIELD, CONNECTICUT

Visualisierungsarbeitsblatt zu Kapitel 4

1. Wasser (Reise)

2. Erde (Beziehungen)

3. Donner (Ältere)

4. Wind (glückhafte Segnungen)

6. Himmel (hilfreiche Freunde)

7. See (Kreativität)

8. Berg (Kontemplation)

9. Feuer (Erleuchtung)

Arbeitsblatt zu Kapitel 6:
»Erste Eindrücke«

Bewerten Sie nur das, was gefragt ist. Kreisen Sie eine der möglichen Antworten ein, oder schreiben Sie auf den zur Verfügung stehenden Platz eine andere Antwort.
Bedenken Sie dabei: Eindrücke sind Empfindungen, keine Gedanken.

1. Was sahen Sie bei Ihrer Ankunft als erstes?

_____

_____

2. Was würden Ihnen die ersten Eindrücke auf dem Weg zur Haustür vermitteln, wenn Sie nicht wüßten, wer hier wohnt?

_____

_____

3. Welcher Geruch fällt Ihnen im Haus als erstes auf?
Floral – muffig – feucht – Hund – Weihrauch – Bücher – Schuhe – Putzmittel – Essen – Parfum – Holz – Meer – Fleisch.

_____

_____

4. Welche Muster fielen Ihnen an der Einfahrt auf?
Schachbrett – Punkte – X – geschwungene Linien – Sterne – florale Drucke – Spiralen – gerade Linien – Rauten.

_____

_____

5. Was hörten Sie bei Ihrer Ankunft?
Fernsehen – Kinder – Hund – Musik – elektrisches Summen – Menschen im Gespräch – Aquarium – Verkehr – Lüfter.

_____

_____

6. Fiel Ihnen etwas Reparaturbedürftiges auf?
Defekte Klingel – defekte Glühbirne – abgebrochene Stufe – verschlissener Teppich – gebrochenes Glas (Fenster) – blanke Drähte – klemmende Tür – Wasserschaden in der Mauer – lose Beschläge.

_____

_____

7. Was ist Ihr Gesamteindruck von mir nur auf der Grundlage desjenigen, was Sie bisher gesehen haben? Tun Sie so, als ob Sie zum ersten Mal hierhergekommen wären und die Beziehung mit mir ganz neu wäre!
Herzlich – kühl – distanziert – ernsthaft – professionell – intim – reich – vielbeschäftigt – angespannt – sexy – ausgeflippt – kreativ – schlicht – radikal – bedeutend – elegant – künstlerisch – abweisend – deprimiert – gesund – einsam – müde – offen – billig – konservativ – glücklich – kalt – weltlich gesinnt – vorsichtig – innovativ.

_____

_____

8. Was in der Umgebung hat Sie veranlaßt, eine der vorstehenden Antworten einzukreisen?

_____

_____

Literaturhinweise

Feng Shui, Geomantie, Architektur, Design, Rätsel und Muster

Alexander, C.: *Eine Muster-Sprache. A Pattern language*, Wien 1995
Davies, P.: *Am Ende ein neuer Anfang*, Berlin 1984
Olivastro, D.: *Das chinesische Dreieck*, München 1994
Pennick, N.: *Das kleine Handbuch der angewandten Geomantie*, Saarbrücken 1992
Ders.: *Leys und lineare Rätsel in der Geomantie*, Zürich 1991
Purce, J.: *Die Spirale. Symbol der Seelenreise*, München 1993
Rossbach, S.: *Feng-Shui*, Knaur-Tb. 76073
Dies.: *Feng Shui in Architektur und Landschaftsgestaltung*, Knaur-Tb. 76103
Walters, D.: *Feng Shui*, Wettswil 1994

I-ching, Astrologie, Divination

Anthony, C.: *Handbuch zum klassischen I Ging*, München 1989
Ders.: *Meditationen zum I Ging*, München 1993
Hoefler, A.: *I Ging Ratgeber*, Aitrang 1993
I Ging. Das Buch der Wandlungen, Hrsg. v. Blofeld, John, München 1991
I Ging (I Ging). 3 1/2'-Diskette und Benutzerhandbuch, Korschenbroich 1994
Kushi, M.: *Orientalische Diagnose. Körperharmonie durch Sehen und Fühlen*, Darmstadt 1986
Lao Tse: *Tao Te King*, Haldenwang 1981
Laotse: *Tao te king*, München 1978
Lau, T.: *Das große Buch der chinesischen Astrologie*, Knaur-Tb. 7607
Wilhelm, H.: *Sinn des I Ging*, München 1991
Wing, R.: *Das illustrierte I Ging*, München 1990
Ders.: *Das Arbeitsbuch zum I Ging*, München 1993
Yoshikawa, T.: *Das Ki-Orakel*, München 1991

Makrobiotik und Heilen

Bates, W.: *Rechtes Sehen ohne Brille*, Bietigheim 1991
Dossey, L.: *Heilende Worte*, München 1991
Kushi, M.: *Der makrobiotische Weg*, München 1990
Ders.: *Das große Buch der Makrobiotik*, Knaur-Tb. 76079

Northrup, C.: *Frauenkörper Frauenweisheit*, München 1994
Ohsawa, G.: *Makrobiotik: Eine Einladung zu Gesundheit und Glück*, Holthausen/Laer 1987
Schmidt, Wolfgang G. A.: *Der Klassiker des Gelben Kaisers zur Inneren Medizin*, Freiburg 1993
Schönberger, M.: *Verborgener Schlüssel zum Leben. Weltformel I-ching im genetischen Code*, München 1981
Yüang-Kuang: *I Ging*, München 1995

Inspiration, Bewußtsein

Capra, E.: *Das Tao der Physik*, München 1984
Castaneda, C.: *Die Lehren des Don Juan*, Frankfurt 1973
Ders.: *Eine andere Wirklichkeit*, Frankfurt 1975
Hayward, J. W.: *Der Zauber der Alltagswelt*, Knaur-Tb. 4157
Dschelaladdin, R.: *Von Allem und vom Einen*, München 1988
Trungpa, T.: *Aktive Meditation*, Düsseldorf 1972

Feng Shui Network International
P. O. Box 2133
London W1A 1RL, Großbritannien
Tel.: (00 44/1 71) 9 35–89 35
Fax: (00 44/1 71) 9 35–92 95
E-mail: fengshuime@aol.com

Feng-Shui-Beratungen, -Kurse und -Weiterbildung in der Art von William Spear werden in der Schweiz angeboten von den Dipl.-Architektinnen:

Daniele Guex-Joris und Marta Tasnady
Bergstr. 58
CH-8706 Meilen
Tel.: (0041/1) 9 23 61 20
Fax: (0041/1) 9 23 63 74

und in Deutschland von:

Peter Newerla
Schleichersrain 7
71543 Wüstenrot-Stangenbach
Tel.: 07130-3401